W0070458

Die Hessen-Bibliothek
im Insel Verlag

Regionalbewegungen und Heimatdiskussionen deuten darauf hin, daß auch in der Bundesrepublik die Diskussion um die regionale Identität und Kultur der Bürger begonnen hat. Die Bundesländer betrachten sich immer weniger als rein administrative Einheiten, sie betonen ihre historische und politische Eigenständigkeit. Die Hessen-Bibliothek *möchte zu dieser Entwicklung einen Beitrag leisten mit Büchern, die bisher vernachlässigte kulturelle, sozialgeschichtliche und politische Aspekte darstellen und analysieren sollen.* Die Hessen-Bibliothek *will auch ein Impuls sein für in Hessen lebende oder an Hessen interessierte Künstler und Wissenschaftler, sich mehr als bisher mit den Problemen des Landes zu beschäftigen.*

Dietmar Grieser
Mit den Brüdern Grimm durch Hessen

Ein literarischer Lokalaugenschein
zum 200. Geburtstag von Jacob, Wilhelm und
Ludwig Emil Grimm

Insel Verlag

Umschlagabbildung: Brüder-Grimm-Kindertheater am Kindheitsort der Brüder Grimm:
»die Holzköppe« (Steinau). Foto: Klaus Bieber, Bischoffen
Die Abbildungen in diesem Band stammen von: Dietmar Grieser (S. 13, 19, 25, 31, 37, 53,
65, 77, 89, 109); Klaus Bieber, Bischoffen (S. 47, 59, 71, 83, 95, 101, 105, 115, 119, 127,
131, 135, 139, 143, 147, 155, 159, 163, 167); Stefan Lotz, Hanau (S. 173) und Lahaye/
Kern, Grafikbüro (Karte, S. 6).

Erste Auflage 1985
© Insel Verlag Frankfurt am Main 1985
Alle Rechte vorbehalten
Druck: Druckhaus Thiele & Schwarz GmbH, Kassel
Printed in Germany

Inhalt

Haldensleben
(bei Magdeburg/DDR)

Witzenhausen

Kassel

Landau
Hoof
Niedenstein
Baunatal
Groß-
almerode

Meißner

Haina

Christenberg
Schwalmstadt
Großfelden
Willingshausen
Marburg

Wetzlar

Schlüchtern
Steinau

Bad Homburg
Hanau
Frankfurt

Wenn ich mich aber betrübe, daß Sie beide für Hessen vielleicht auf immer verloren sind, freue ich mich anderseits, daß vermöge der neuen Anstellung Ihre Verdienste desto mehr im gemeinsamen deutschen Vaterland glänzen werden, wovon doch auch einige Strahlen auf Ihr ursprüngliches zurückfallen.

Kurfürstin Auguste an Wilhelm Grimm

Hier haben unsere Schritte und Tritte festen Halt, die auf fremder Erde leichter ausgleiten, unsere Phantasie ist von Kindesbeinen an mit vaterländischer Sage und Geschichte genährt worden, unsere unauslöschlichsten Erinnerungen haften daran, selbst die Gräber ermuntern uns, den Tugenden der Vorfahren nachzueifern.

Jacob Grimm in seiner Antrittsrede »Über das Heimweh«

Man sollte immer die Räume aufsuchen, aus denen einer stammt, in denen er lebte, wenn man Entscheidendes über den Hintergrund der Worte erfahren will, die er hinterließ.

Arnulf Baring

Vorwort

Wenn Jacob und Wilhelm Grimm, die beiden letzten Lebens-
jahrzehnte in Berlin ansässig, im dortigen Tiergarten spazieren-
gingen, spielte sich regelmäßig, so wird berichtet, das folgende
eigentümliche Ritual ab: Da dem kränkelnden Wilhelm ein
gemächlicheres Schrittempo auferlegt war, ging man getrennt,
ging jeder für sich. Aber wenn sie einander begegneten, winkte
der eine dem anderen freundschaftlich zu.

Distanz und Zuneigung – wäre dies nicht auch genaù das
rechte Rezept, ginge man (wie dies im vorliegenden Buch
versucht wird) daran, auf den Spuren der Brüder Grimm das
heutige *Grimm-Land* zu bereisen? Durch den Abstand zweier
Jahrhunderte von ihnen getrennt und ihnen doch aufs innigste
verbunden: *Distanz und Zuneigung.*

Häufiger als sonst wird in diesen und den kommenden Jahren
Gelegenheit sein, der großen Hessen Jacob, Wilhelm und
Ludwig Emil Grimm zu gedenken: ihre 200. Geburtstage
folgen einander Schlag auf Schlag – am 4. Januar 1985 Jacob,
am 24. Februar 1986 Wilhelm, am 14. März 1990 Ludwig
Emil, der Maler (und Jüngste). *Brüder-Grimm-Jahre* in Perma-
nenz – was könnte uns Besseres (und Anregenderes) passieren?
Und doch wird es Stimmen geben, denen solch kalendarisch
motivierte Zuwendung suspekt ist. Ich möchte dem mit dem
gleichen Argument entgegentreten, mit dem ich Jahr für Jahr
verteidige, was alle anderen Jahr für Jahr in Grund und Boden
verdammen: die Weihnachtspost. Hier wie dort – wer wollte es
leugnen? – ein krasses Mißverhältnis von äußerem Anstoß und
innerem Antrieb (zugunsten des ersteren). Und doch – beide
bewirken zumindest *ein* Gutes, die Weihnachtspost wie die
Jubiläumsfeierei: Sie tragen dazu bei, daß so manche mit der
Zeit lose gewordene Verbindung nicht gänzlich abreißt.

Im Fall Grimm bieten sich dafür verschiedene Wege an: sei
es daß man sich mit ihren Werken (und vielleicht nicht bloß mit
den Märchen, sondern auch einmal mit dem weniger Geläufi-
gen) auseinandersetzt, sei es daß man sich ihnen von der

Biographie her nähert, sei es daß man sich in die Bilder und Zeichnungen des »Malerbruders« Ludwig Emil versenkt. Reisefreudige Naturen mögen eine reizvolle Ergänzung darin erblicken, ihnen *vor Ort* nachzuspüren: an jenen Stätten, an denen sie gelebt und gewirkt haben, und an jenen anderen, die erst eine dankbare Nachwelt zu ihren Ehren installiert hat.

In einem Beitrag für die »Hessen-Bibliothek« wird ein solcher Lokalaugenschein natürlich vor allem auf Bestandsaufnahmen an den *klassischen* hessischen Grimm-Orten bedacht sein müssen: Hanau, Steinau, Marburg und Kassel (und Stationen wie Göttingen und Berlin ausklammern bzw. für eventuelle gesonderte Unternehmungen zurückstellen). Aber auch Nebenpfade haben ihren Reiz: Wie steht es um die vernachlässigten Grimm-Städte Homburg vor der Höhe, Frankfurt und Wetzlar, wie um die (wirklichen oder vermeintlichen) Märchenschauplätze? Gibt es im heutigen Hessen noch Restexemplare der vormals blühenden Zunft der Märchenerzähler? Und sollte man nicht auch dem großen hessischen Grimm-Illustrator Otto Ubbelohde nachspüren, der so viel zur literarischen »Verheimatung« seiner berühmten Landsleute geleistet hat? Und wenn wir schon bei den Exkursen sind: Wie wär's mit einem Blick über die deutsch-deutsche Grenze? Ein Abstecher ins magdeburgische Haldensleben führt uns nicht nur in eine an Überraschungen reiche Hessen-Enklave auf dem Boden der DDR, sondern obendrein auf die Spur eines bis dato Unbekannten: des letzten noch lebenden Grimm.

Die Enklave
(Haldensleben)

Ein Schaukasten in der Unterführung des Hauptbahnhofs Magdeburg – wer würde hier die Brüder Grimm vermuten? Und doch, ich sehe richtig: Es ist das bekannte Doppelporträt, beide im Profil, vorn Jacob, dahinter Wilhelm, das Ganze stark stilisiert.

Magdeburg ist ein wichtiger Eisenbahnknotenpunkt der DDR; ich höre es über Lautsprecher: alle paar Minuten ein Zug. Da tun die grell illuminierten Werbeaussagen neben den Fahrplanhinweisen ganz bestimmt ihre Wirkung. Also auch die Brüder-Grimm-Reklame – schwarz auf gelb. Und was besagt sie? Sie ruft die hunderttausend, die hier Tag für Tag von und zu ihren Zügen eilen, nach Haldensleben.

Haldensleben ist eine Kleinstadt von 20 000 Einwohnern im Bezirk Magdeburg, Richtung Wolfsburg, keine fünfzig Kilometer von der deutsch-deutschen Grenze entfernt. Der Lokalzug von Magdeburg (in Barleben umsteigen) schafft es in knapp einer Stunde.

Wieso in diesem DDR-Nest eine Enklave Hessens?

Kein Jacob Grimm, der hier spektakuläre Wortfunde gemacht, kein Wilhelm Grimm, der hier verschollene Märchen aufgezeichnet hätte, und auch Ludwig Emil, der Malerbruder, hat von Haldensleben nicht die beiläufigste Skizze angefertigt. Und doch: Wenn Sie den dunkelblauen Galafrack sehen wollen, den sich Jacob für die Reise zum Wiener Kongreß hat schneidern lassen, seinen Spazierstock und seine Petroleumlampe, seine handschriftlichen Anmerkungen zu Luthers »Briefen, Sendschreiben und Bedenken« oder Wilhelms Ehrendoktordiplom der Universität Jena, müssen Sie grenzüberschreitend vorgehen und nach Haldensleben/DDR reisen.

Sollten Sie aus der Heimat der Brüder Grimm, aus dem Hessischen kommen, werden Sie angesichts der Hinterlassenschaften, die Sie in Haldensleben vorfinden, ganz besonders gerührt sein – etwa wenn Sie unter den knapp zweitausend

Büchern auf jene 1851 in Frankfurt erschienene Sammlung deutscher Volkslieder von Karl Simrock stoßen, die, von Wilhelm Grimms Hand, auf dem Einbanddeckel um eine Variante des Liedes »Es wollt ein Mädchen Wasser holen« vermehrt ist und mit sorgfältiger Quellenangabe versehen: »Aus Hessen, von der Mutter«.

Man muß es immer wieder lesen, vielleicht sogar laut aussprechen, um es in seiner ganzen Innigkeit und Schlichtheit auszukosten: »Aus Hessen, von der Mutter.«

Aber das ist natürlich nicht alles. Der eigentliche Lohn Ihrer Reise ist von subtilerer Art, greift tief ins Menschliche – ja, ich scheue mich nicht, ihn eine Sensation zu nennen. Was alle Stammtafeln verschweigen, alle Biographien unterschlagen (oder auch einfach nicht wissen): Die Grimms sind nicht ausgestorben! Noch heute lebt ein letzter Nachfahr – und keineswegs irgend etwas Entfernt-Verschwägert-Nebenliniges. Sondern Wilhelm Grimms Urenkel. Hier in Haldensleben, jenseits der Staatsgrenze, stoße ich zum erstenmal auf seine Spur . . .

Was soll das heißen? Soll das heißen, daß die Familiengeschichte der Grimms neu geschrieben werden muß?

Genealogie ist ermüdend, machen wir's kurz.

Eigentlich ist die Sache sowieso recht einfach. Es fängt – wie schon gesagt – mit einer Schaukastenreklame in der Unterführung des Hauptbahnhofs Magdeburg an: »Die Brüder Grimm/ Memorialausstellung im Kreismuseum Haldensleben/Dienstag bis Freitag von 9 bis 12 und von 14 bis 17 Uhr, Sonnabend von 9 bis 12, Sonntag von 10 bis 12, Montag geschlossen«.

Man setzt sich also in den Bummelzug, fragt sich, in Haldensleben angelangt, nach dem Kreismuseum durch, klettert in den ersten Stock des ehemaligen Schulgebäudes, wandert durch dessen »Grimm-Stube« und sieht sich genau im richtigen Moment – gerade als es einen zu interessieren beginnt, wie denn eigentlich die ganze Chose ausgerechnet in diesen Ort geraten sein mag – dem Porträtphoto einer älteren Frau gegenüber, deren Gesichtsausdruck und Gesichtsschnitt einem seltsam vertraut vorkommen: Albertine Plock, die

Der »Retter« der Sippe: Wilhelm Grimms jüngerer Sohn Rudolf

Stifterin der Sammlung. Ist es nicht ein ganz typisches Grimm-Gesicht: die kantige Nase, die markanten Backenknochen, der klare, scharfe Blick? Vor allem die Ähnlichkeit mit Jacob Grimm ist unverkennbar. Man forscht also weiter. Beginnt, sich für diese Albertine Plock zu interessieren. Und erfährt, sie sei Lehrerin in Haldensleben gewesen, 1963 habe sie als Zweiundachtzigjährige ihren letzten Willen kundgetan: ihre Grimm-Sammlung solle in den ständigen Besitz des Haldenslebener Kreismuseums übergehen.

Wie aber war sie zu all den Schätzen gekommen?

Ihre Ruhestätte auf dem Friedhof von Alt-Haldensleben gibt darüber Auskunft, seitdem das Museum der noblen Spenderin mit einer Zusatzzeile auf dem Grabstein seinen Dank abgestattet hat: »Enkelin Wilhelm Grimms«.

1974 ist sie in Haldensleben gestorben, dreiundneunzigjährig. Wieso aber hat man von ihr, einige wenige Eingeweihte ausgenommen, bis jetzt nichts gewußt?

Rekapitulieren wir kurz die Familiengeschichte der Brüder Grimm. Jacob war unverheiratet und kinderlos, Wilhelm, mit der Kasseler Apothekerstochter Dorothea Wild verheiratet, hatte (abgesehen von dem noch im Geburtsjahr verstorbenen Erstling Jacob) dreifachen Nachwuchs: Herman, Rudolf und Auguste. Hermans Ehe mit Gisela von Arnim blieb kinderlos, Rudolf und Auguste blieben ledig. Als also im Jahr 1919 Auguste als letztes der drei Wilhelm-Grimm-Kinder starb, galt die direkte Linie als erloschen.

Das ist richtig und falsch zugleich. Richtig daran ist, daß mit Auguste die letzte *Namensträgerin* gestorben war. Nicht aber auch der letzte *Sproß* . . . Ganz einfach: Rudolf, Wilhelm Grimms jüngerer Sohn, hat eine Tochter hinterlassen – Frucht einer illegitimen Beziehung: Albertine. Und sie, als einzige Nachkommin, erbte 1919 fast den gesamten Grimm-Nachlaß.

Schauen wir uns die näheren Umstände an. So wie schon Jacob und Wilhelm Grimm in gemeinsamem Haushalt gelebt haben, wohnen auch Wilhelms drei Kinder unter einem Dach – und auch sie in Berlin: Linkstraße Nr. 7, dicht beim Potsdamer

Platz. Herman Grimm, der bekannte Kunsthistoriker und Goethe-Kenner, ist als einziges der drei Geschwister verheiratet; Gisela, geb. von Arnim, seine Frau, steht dem Haushalt vor. Auf dem Familiensitz der Arnims, Gut Wiepersdorf in der Uckermark, gibt es einen Schloßgärtner, der noch als Neunundsiebzigjähriger seinen Herrn auf einer mehrmonatigen Inspektionsreise – es geht um die Besichtigung von Parkanlagen – nach England begleitet (und in diesem hohen Alter Englisch lernt). Dieser originelle Mann mit Namen Östreich hat eine Tochter Agnes, und die kommt über die Vermittlung der Familie Arnim als Haustochter in die Grimmsche Wohngemeinschaft nach Berlin. Zwischen ihr und dem dreißig Jahre älteren Rudolf Grimm, seines Zeichens Jurist und als Oberregierungsrat in der Staatlichen Schlösserverwaltung zu Potsdam tätig, entspinnt sich ein Liebesverhältnis, und Agnes Östreich bringt 1881 ein Kind zur Welt: Albertine. Auch wenn die Eltern niemals vor den Standesbeamten treten werden – Rudolf Grimm weilt seit seiner Verwundung im deutsch-österreichischen Krieg von 1866 wiederholt zur Lungenbehandlung in Davos –, ist nicht daran zu rütteln: Diese Albertine Östreich ist ein (und zwar das einzige) Enkelkind Wilhelm Grimms. Versucht man nach außen hin die Liaison auch nach Kräften zu verschleiern, familienintern wird dem Sproß dieser Liaison jede erdenkliche Zuwendung zuteil: Alle drei Grimm-Geschwister fühlen sich für das Mädchen verantwortlich, sorgen für Albertines Erziehung.

Als sie acht Jahre alt ist, stirbt ihr Vater – nun liegt es vollends bei Onkel Herman und Tante Auguste, für ihre Zukunft zu sorgen. Auguste Grimm, die seit den Tagen, da sie den kriegsverletzten Bruder Rudolf im Lazarett Glüsig bei Haldensleben besucht hat, mit der dortigen Kaufmanns- und Gutsherrenfamilie Nathusius befreundet und immer wieder in dem Städtchen am Rande der Altmark anzutreffen ist, bringt Albertine in einem Magdeburger Lyzeum und (nach erfolgter pädagogischer Ausbildung) als Lehrerin an der Patronatsschule der Nathusius in Alt-Haldensleben unter.

Als 1919 – Albertine Östreich hat inzwischen einen Kollegen

aus der Gegend, den Lehrer Otto Plock, geheiratet und ihm drei Kinder geboren – Tante Auguste in Berlin stirbt, fällt das gesamte Grimm-Erbe an sie, und das ist nicht gerade wenig: Herman, Rudolf und Auguste Grimms Nachlaß samt dem, was diesen schon aus der Hinterlassenschaft ihres Vaters Wilhelm und ihres Onkels Jacob zugekommen war. Mehrere Bibliotheken, mehrere Haushalte – der Teil, den sie 44 Jahre später, längst Witwe, dem Kreismuseum Haldensleben stiften wird, läßt den Glanz des Ganzen kaum noch ahnen.

Von den drei Kindern der Albertine Plock, also den Urenkeln Wilhelm Grimms, sind zwei heute nicht mehr am Leben: Die Tochter stirbt schon als Kind, der ältere der beiden Söhne fällt im Zweiten Weltkrieg. Nur Marko, der Jüngere, lebt. Kinderlos. Es gibt also noch einen letzten, einen allerletzten echten Grimm. Irgendwo im verborgenen, irgendwo in Hessen. So schwierig es auch werden dürfte – ich werde nichts unversucht lassen, ihn auszuforschen.

Aber das ist schon wieder ein Kapitel für sich. Bleiben wir einstweilen noch in der Hessen-Enklave Haldensleben. Freundliche Menschen aus dem Ort weisen mir den Weg zu jenem Haus am Dammühlenweg an der äußersten Peripherie des Stadtteils Alt-Haldensleben, wo die Plocks beinahe ein halbes Jahrhundert lang den Grimm-Nachlaß gehütet haben.

Ein ganzer Eisenbahnwaggon voller Möbel, Bücher und Bilder rollt im Nachkriegsjahr 1919 von Berlin nach Haldensleben – manche der Kisten unterwegs aufgebrochen, ihr Inhalt durcheinandergebracht, vieles beschädigt, etliches geplündert. Die Lebensmittel sind knapp im Lande – überall sucht man nach Eßbarem.

Für die erste Zeit muß die Scheune eines benachbarten Bauern als Depot herhalten, später wird man ein eigenes Magazin errichten: einen Schuppen hinterm Haus. Denn man ist sich seiner Verpflichtung wohl bewußt: Die Dinge dürfen nicht zerrissen, der Grimm-Nachlaß muß beisammengehalten werden. Nur die beiden Drei-Meter-Flügel aus der Hinterlassenschaft der hochmusikalischen Gisela von Arnim werden für eine öffentliche Versteigerung freigegeben. An die hundert

Bilder sind auf die einzelnen Räume des bescheidenen Einfamilienhauses am Dammühlenweg aufzuteilen, der Rest wird aus den Rahmen genommen und wandert ins Depot.

Was die persönlichen Habseligkeiten betrifft, so waren die Grimms konservativ im buchstäblichen Sinne des Wortes: nichts wurde weggeworfen. Doch was heute Stück für Stück von allergrößtem Wert ist, gilt damals wenig: Als die Plocks für den Grimm-Nachlaß in ihrem Haus eine Feuerversicherung abschließen, einigt man sich auf die lächerliche Vertragssumme von 4000 Mark.

Während des Dritten Reichs wird's noch schlimmer: Nun droht (wie etwa auch im Fall Humboldt) die Beschlagnahme – im »nationalen Interesse«. Nur der Krieg verhindert, daß aus Familienbesitz eine Nationalstiftung wird.

Und nach dem Krieg? Tiefer kann der Kurswert der Brüder Grimm kaum sinken als jetzt – sind das nicht diese beiden deutschnationalen Ungeheuer mit den sadistischen Märchen, vor denen man die Jugend schützen muß?

Haldensleben genießt das zweifelhafte Vergnügen zweifacher Besetzung: zuerst die Amerikaner, dann die Russen. Wieder kommt das eine und andere vom Grimm-Nachlaß abhanden: Die Amerikaner haben es auf alles Englischsprachige abgesehen, ein sowjetischer Major »kassiert« Wilhelm Grimms Arbeitsstuhl – den Schreibtisch hat Sohn Herman zum Glück schon 1898 dem Germanischen Nationalmuseum in Nürnberg überantwortet.

Als Albertine Plock 1963 – viele Jahre nach der Aufteilung des Grimm-Nachlasses auf sie und ihren Sohn – den bei ihr verbliebenen Teil dem Kreismuseum Haldensleben vermacht, sind die wichtigeren Stücke längst im Westen. Für das kleine Heimatmuseum in der DDR-Provinz ist freilich auch der bescheidene Rest ein hochwillkommener Aufputz: Was in den Berliner und den Merseburger Archivschränken an Grimm-Autographen lagert, ist nur wissenschaftlich arbeitenden Personen, also nicht allgemein zugänglich. Die Schulklasse, die sich für die Handschrift der Märchensammler, die Betriebsgruppe, die sich für den soziologischen Standort der Grimms, das

Damenkränzchen, das sich für das Nähzeug von Frau Dorothea interessiert, kann also nur in Haldensleben bedient werden.

Ich habe mich für einen Sonntagvormittag zum Besuch angesagt: Der pensionierte Eisenbahner, der am Wochenende als Kustos Aushilfsdienst versieht, läßt mich ein, Frau Bandoly, die Leiterin, kommt mir freundlich entgegen. Das Kaffeewasser ist schon aufgestellt, sogar das Rauchverbot wird – angesichts des von weither angereisten Besuchers – für zwei Zigarettenlängen ausgesetzt: so herzhaft-gemütlich geht's heute wohl nur noch in der DDR-Provinz zu.

Frau Bandoly, diplomierte Ethnologin, erinnert sich noch gut an die vor zehn Jahren verstorbene Stifterin der Haldeslebener Grimm-Sammlung: »Eine sehr vitale alte Dame, allem Neuen aufgeschlossen, eine lebhafte Erzählerin – ganz und gar erfüllt vom Grimmschen Geist.« Und dabei von bescheidenstem Wesen – bis ins hohe Alter habe sie den weiten Weg von Alt-Haldensleben bis zum Museum zu Fuß zurückgelegt. In ihrem Beruf als Lehrerin galt sie als streng. Und im übrigen als eine Frau, die in allem eine dezidierte Meinung hatte. Und diese Meinung äußerte.

Das Brüder-Grimm-Zimmer nimmt innerhalb des Kreismuseums Haldensleben eine Sonderstellung ein – schon das Türschild deutet darauf hin: »Geheizt – bitte schließen!« Daß unter den »bedeutenden Zeitgenossen der Brüder Grimm«, die gleich beim Eingang den Besucher begrüßen, Marx und Engels alle anderen überragen, gehört hierzulande zur Routine, und daß eine Zeittafel ihre Lebensdaten mit dem Aufstand der schlesischen Weber, der Gründung des Allgemeinen Deutschen Arbeitervereins und dem Erscheinen des Kommunistischen Manifests in Beziehung setzt, finde ich, auch unabhängig von allen ideologischen Hintergedanken, eine nützliche Information. Daß man das Fensterbild der stickenden Dorothea Grimm, das die ersten Jahre ebenfalls hergezeigt worden ist, vorsorglich wieder zurückgezogen hat, zeigt, daß man sich auch hier vor Museumsdieben vorzusehen hat – die Alarmanlage, die die Fenstergitter ergänzen soll, ist schon bestellt.

Verschleierte Nachkommenschaft: Albertine Plock, Wilhelm Grimms Enkelin

Natürlich sind Jacob und Wilhelm Grimm in ihrer Heimat besser dokumentiert: Wer das Kasseler Brüder-Grimm-Museum kennt, wird in Haldensleben kaum Neues finden. Um so interessanter die Hinweise auf Wilhelms Sohn Rudolf, dessen Fehltritt Haldensleben seine kleine Sammlung verdankt: Auch er hat sich schriftstellerisch betätigt – freilich dilettantisch, als Sonntagsdichter, und wäre er nicht einer aus der Grimm-Sippe, hätten die vom Potsdamer Kommissionsverlag Cabos gedruckten Sammlungen seiner schaurig-schönen Gedichte wohl kaum in Koschs Deutsches Literaturlexikon Eingang gefunden: »Kleine Münze«, »Italien« und »Das glorreiche Jahr«. Ich lese Gedichttitel wie »Morgenpromenade« und »Schlachtgesang der Griechen bei Salamis«, »Der sterbende Jüngling des Michelangelo« und »Die Teutoburger Schlacht«, »An ein preußisches Fräulein« und »Die Türken zum erstenmal vor Wien«, und wenn Rudolf Grimm »Zur dritten Säcularfeier der Geburt Shakespeares« reimt, dann hört sich das so an:

Das Auge leuchtet und die Seele lacht!
Heut' wird des königlichsten Manns gedacht.

In früheren Jahren hätte man über derlei Geschreibsel wohl gelacht – heute weiß man's besser: Längst zählen auch Epigonentum und künstlerische Degeneration zu den legitimen Forschungsgegenständen der Literaturwissenschaft.

Ich blättere im Besucherbuch des Museums und finde neben den Namen der vielen Schulklassen, Betriebsdelegationen und Jugendherbergsgäste auch so manche beziehungsvolle Eintragung: Das Redaktionskollegium des Deutschen Wörterbuchs war hier, eine Hanni Köhler-Viehmann, die sich als »alte Kasselänerin« und Verwandte der berühmten »Märchenfrau« zu erkennen gibt, und natürlich die Träger des Jacob-und-Wilhelm-Grimm-Preises, den, 1979 vom Ministerrat der DDR gestiftet, das Ministerium für Hoch- und Fachschulwesen alle Jahre an fünf Ausländer vergibt, die sich um die Förderung der deutschen Sprache und der Germanistik verdient gemacht haben. Der Ausflug vom Preisverleihungsort Berlin in das Grimm-Städtchen Haldensleben mit Museumsrundgang und Umtrunk beim Bürgermeister hat bereits Tradition. Es ist ein buntes Völkchen: ein Pole, der in seinem Rundfunksender den Deutschunterricht besorgt, ein Portugiese, der ein Lehrbuch für die deutsche Sprache geschrieben, ein Syrer, der Grimms Märchen ins Arabische übersetzt hat. Auch auf die Unterschrift eines liebvertrauten *west*deutschen Grimm-Forschers stoße ich: Ludwig Denecke – er hat sogar ein eigens fürs Besucherbuch gedrechseltes Gedicht beigesteuert.

Stolz berichtet die Museumsleiterin, daß der Name Grimm inzwischen auch aufs übrige Haldensleben ausstrahlt: Der Buchladen am Marktplatz heißt seit einiger Zeit »Volksbuchhandlung Brüder Grimm«, mag er auch, wie der Direktor des Volksbuchhandels für den Bezirk Magdeburg bedauernd zugibt, derzeit keinen einzigen Grimm-Titel im Sortiment haben. Und im Keller des führenden Restaurants am Platze hängen zeitgenössische Märchenillustrationen an der Wand. Ja, sogar dies ist möglich: Wenn im Herbst die Vorbereitungen zur nächsten »Jugendweihe« einsetzen, kann es durchaus vorkommen, daß der Jugendstundenleiter als einen der erforderlichen kulturellen Leistungsnachweise (»Von allem Guten und Schönen Besitz ergreifen«) auch einen Besuch im Grimm-Museum einplant.

Am Abend kehre ich nach Magdeburg zurück, im Interhotel beim Hauptbahnhof habe ich mein Quartier aufgeschlagen. Meine Lektüre im Restaurant: der städtische Veranstaltungskalender und die Speisekarte. Beide sorgen dafür, daß ich mein Thema auch hier nicht aus dem Auge verliere: Das Städtische Puppentheater an der Warschauer Straße hat eine Neuinszenierung des »Froschkönigs« auf dem Programm, Beginn der ersten Vorstellung um 9 Uhr früh, und die »Kinderteller« des Interhotel-Restaurants heißen »Dornröschen« und »Schneewittchen«. Wie trivial sie auch sein mögen: Es gibt noch immer weit mehr Ost-West-Gemeinsamkeiten, als man denkt.

Der letzte Grimm

1985 und 1986 sind die Brüder-Grimm-Jahre – da könnte es für ihn ungemütlich werden. Veranstalter könnten auf die unselige Idee kommen, ihn vor ihren Karren zu spannen, sich mit ihm zu berühmen. Wo er doch nur seine Ruhe haben will, seinem Lebensabend ein paar beschauliche Seiten abgewinnen, hie und da den Sternenhimmel betrachten. Denn die Astronomie – das ist seine ganze Seligkeit, seitdem seine Ambitionen als Sprachforscher im buchstäblichen Sinne des Wortes im Bombenhagel des Zweiten Weltkriegs untergegangen sind. Zehntausende Zettel, eine Arbeit von Jahren, die Materialsammlung für seine Dissertation: alles verbrannt. Als angehender Sinologe, damals in Leipzig.

Hat also beim letzten Grimm – mit Wilhelm Grimms Urenkel Marko Plock, Jahrgang 1916, kinderlos, wird tatsächlich die Sippe aussterben – das Erbe der Ahnen durchgeschlagen? Ich antworte mit einer Gegenfrage: Kann ein junger Mensch seine linguistischen Neigungen eindrucksvoller zum Ausdruck bringen, als daß er sich bereits als Oberprimaner seine erste chinesische Grammatik kauft und sich im Selbstunterricht die chinesische Sprache beibringt?

Unter den mancherlei Antiquitäten, die ihn heute an seinem Alterssitz umgeben, erinnert ihn nur noch ein einziges Stück an jenen von der Kriegsfurie zerstörten Jugendtraum – ein altes, ebenso schönes wie überdimensionales Wörterbuch: deutsch-chinesisch. Alles übrige ist Grimm. Jene paar Kostbarkeiten, die er sich von dem an ihn übergegangenen Teil des Grimm-Nachlasses behalten hat: eine heilige Katharina, die Clemens von Brentano Wilhelm Grimm zum Geschenk gemacht hat; eine Kasseler Waldszene, die, obwohl unsigniert, von Ludwig Emil Grimms Hand stammen könnte; ein Zinntaler aus ältestem Familienbesitz; Großvater Rudolfs Schreibzeug; das Porträt eines lungenkranken holländischen Komponisten, den Rudolf Grimm während seiner eigenen Kuraufenthalte in Davos zum Freund gewonnen und gefördert hat; die Stickvorlagen seiner Großmutter Agnes Östreich; die Kopie aus dem Breviarium Grimani, die die Stadt Venedig seinem Onkel Herman Grimm zum siebzigsten Geburtstag verehrt hat; der prachtvolle Schrank in Danziger Barock, den Bettina von Arnim ihrer Tochter Gisela in die Ehe mitgegeben hat; das entzückend naive Ölbild vom wandernden Onkel Herman – in nächster Nähe des weingartengesäumten Rhein-Höhenweges liegt Schloßgut Zickelburg, das einst den Grimms gehört hat.

Marko Plock, den gebürtigen Haldenslebener, hat es nach dem Zweiten Weltkrieg ins Hessische verschlagen. Also zurück in die Urheimat der Ahnen – ins Grimm-Land?

Nein, so kann man das gewiß nicht sehen, winkt er ab. Es habe sich nur einfach so ergeben. Ruf der Heimat oder Stimme des Blutes – derlei Diffuses mag Marko Plock nicht gelten lassen. Jacob Grimms berühmte Absage an Göttingen »Es sieht mich hier fremd an aus allen Gassen, und ich möchte manchmal auf und davon« hat für ihn keine Gültigkeit. Seine Neigung zu einer gewissen Eigenbrötelei, die er zugegebenermaßen mit den Grimms teilt, und sein hintergründiger Humor hindern ihn nicht, im ganzen doch eher von nüchterner Art zu sein.

Da seine Großeltern, Rudolf Grimm und Agnes Östreich, nicht geheiratet haben, findet sich Marko Plocks Name in keinem der Geschlechterbücher, und das ist ihm nur recht so: Er hat keinerlei Ehrgeiz, Statthalterfunktionen wahrzunehmen, mag nicht als »letzter Grimm« gefeiert und zum Ehrenbürger von »Grimm-Gemeinden« ernannt werden, und Leuten wie mich, die ihm auf den äußersten Umwegen auf die Spur kommen und ihn in seinem entlegenen Bauerndorf in Nordhessen aufsuchen, gibt er zwar mit äußerster Liebenswürdigkeit und Gastlichkeit, doch in der Sache zögerlich und nicht ohne Zurückhaltung Auskunft. Die berühmte Ahnenschaft spielt er demonstrativ herunter: »Mein Gott, dieser eine Tropfen Grimm-Blut . . .« Und als es zur Verabschiedung kommt, muß ich mich verpflichten, über seinen Wohnsitz, den ich unter so viel Mühen eruiert habe, Stillschweigen zu bewahren. Die Grimm-Jahre könnten sonst für ihn allzu leicht zur Plage werden: zu einer Phase permanenter Ruhestörung.

Das wird jedermann einsehen, und so schweige ich wie ein Grab.

Fast wäre es nach dem Krieg dazu gekommen, daß er in Steinau an der Straße Unterschlupf gefunden hätte: in ebenjenem Amtshaus, in dem die Brüder Grimm einen wesentlichen Teil ihrer Kindheit zugebracht haben – von 1791 bis 1798. Die Jahre zwischen Hanau und Kassel. Aber dieser Plan zerschlug sich, und darüber mag Marko Plock heute insgeheim froh sein. Denn in der »Grimm-Stadt« Steinau als Grimm-Urenkel unerkannt zu bleiben, wie es ihm unter den bäuerlichen Nachbarn seines Dorfes seit Jahren ohne Schwierigkeiten gelingt, ist wohl schwer denkbar.

Kann ein Grimm-Urenkel, der sowieso – und zwar von früher Jugend an – der Sprachwissenschaft zuneigt, sich der Pflege des Familienerbes entziehen? Natürlich nicht – auch Marko Plock nicht. Mag ihm der Krieg auch – mit dem Schock der Vernichtung seiner gesamten Dissertationsunterlagen – den Weg zur Sinologie versperren (der Hobbyastronom landet als junger Soldat beim Reichswetterdienst): das Philologische bleibt auch in späteren Jahren seine Domäne, und als es ihm vor der Schließung der deutsch-deutschen Grenze gelingt, einen Großteil des schriftlichen Nachlasses der Brüder Grimm in amerikanischen Munitionskisten aus Haldensleben in den Westen zu schaffen, ist er es, der sich der wissenschaftlichen Katalogisierung der rund achttausend Posten unterzieht: dreihundert Schreibmaschinenseiten, jede Seite in drei Kolumnen aufgeteilt. Hatte nicht schon sein Vater, der Lehrer Otto Plock, seinem Jüngsten diese Aufgabe zugedacht gehabt, als sich in den zwanziger Jahren ein Kölner Germanistikprofessor anbot, nach Haldensleben zu kommen und den Grimm-Nachlaß zu ordnen? Nichts da, wies ihn Vater Plock ab, das soll einmal unser Sohn machen.

Jetzt, nach dem Krieg, ist es soweit: Marko Plock arbeitet sich durch den sagenhaften Schatz durch: die Handschriften von Jacob und Wilhelm Grimm, sämtliche Briefwechsel, die Erstausgaben ihrer Bücher mit ihren handschriftlichen Verbesserungen, die Vorarbeiten fürs Deutsche Wörterbuch. Dazu die

Familie Grimm im Depot: Dr. Willi Stubenvoll mit der kunstvoll restaurierten Hausbibel

Visitenkartensammlung, das photographische Archiv mit den kostbaren Daguerreotypien, die lückenlos bis ins 16. Jahrhundert zurückreichende Ahnengalerie: regelmäßig einer der Söhne Prediger – in jeder Generation. Und endend mit Jacob Grimms Porträt als Kind (in späteren Jahren verweigerte sich der ältere der Brüder dem Pinsel des Malers, ließ nur noch die Kamera für Konterfeis zu).

Als in den fünfziger Jahren das Staatsarchiv Marburg den Grimm-Nachlaß übernimmt, kann Marko Plock ihm einen Bestandskatalog mit auf den Weg geben, der heute, wo man dergleichen Registrierarbeit den Computer besorgen läßt, die unverzichtbare Basisinformation darstellt.

Jetzt käme es nur noch darauf an, den »letzten Grimm«, solange er dazu imstande ist, zum Abfassen seiner Lebenserinnerungen zu bewegen. Rudolf Grimm, sein Großvater, hat es vorgezogen, Gedichte zu schreiben – eines davon, »Der Christensklave«, hat Marko Plock als Kind stark beeindruckt, er besitzt noch heute einen Sonderdruck davon. Agnes Östreich, seine Großmutter – wie gut erinnert sich der Enkel an die zierlich-vitale alte Dame! – hat von ihrer Beziehung zu den Grimms kein Aufheben gemacht, sie im Gegenteil verschleiert. Erst ihre Tochter, Marko Plocks Mutter, hat über die »Liaison« anders gedacht: fortschrittlicher. Vorurteilsfrei und unbefangen. Aber ihr Wissen zu Papier zu bringen, dazu hat auch sie sich nicht entschließen können, obwohl ihr Sohn sie wiederholt dazu gedrängt hat. Dabei hat sie das beachtliche Alter von 93 Jahren erreicht – zuletzt allerdings mit Blindheit geschlagen. So erinnert letztendlich nur eine knappe Zusatzzeile auf ihrem Grabstein in Alt-Haldensleben an die prominente Abkunft: »Enkelin Wilhelm Grimms«.

Von ihren drei Kindern lebt nur noch Marko, der jüngere Sohn. Marko Plock, der verhinderte Sinologe. Marko Plock, der letzte Grimm. Ob er wohl seine Stimme noch erheben wird? Oder es gar, wie es gut zu ihm passen würde, insgeheim schon getan hat? Eines der aufregendsten Kapitel hessischer Familiengeschichte endet mit einem großen Fragezeichen.

Das Depot

(Bad Homburg vor der Höhe)

»Den Monat August 1818 sind wir sechs Geschwister einmal wieder alle beisammen gewesen, nachdem Ludwig schon 18. Oct. 1817 aus München, Carl im Juli d. J. aus Bordeaux und Ferdinand Ende Juli aus Berlin hier eingetroffen war. Zum Andenken hieran haben wir alle nach der Ordnung unterschrieben.
Caßel, 4. Sept. 1818
Jacob, Wilhelm, Carl, Ferdinand, Ludwig, Charlotte

Wen soll man mehr beneiden: die Grimm-Geschwister um ihre sprichwörtliche Harmonie? Oder die Kustoden des Landgrafenschlosses von Bad Homburg vor der Höhe um die Schätze, die ihrer Obhut anvertraut sind: zum Beispiel die Hausbibel der Familie Grimm?

Seitdem der Großteil der *Sammlung Plock* – Jahre nach dem Ankauf durch das Staatsarchiv Marburg – in der Museumsabteilung der hessischen Schlösser- und Gärtenverwaltung im Homburger Landgrafenschloß gelandet ist, wird man auch Bad Homburg vor der Höhe zu den Grimm-Städten rechnen müssen. Zumindest zu den synthetischen: das Museale ersetzt hier das Biographische, das Depot den Lebensraum.

Wenn es Sie interessiert, wo die Brüder Grimm gelebt und gearbeitet haben, müssen Sie sich in Hanau, Steinau, Kassel, Marburg, Göttingen und Berlin umsehen; wollen Sie hingegen ihre Tintenfässer und Federschachteln, ihre Petschafte und Dochtscheren, ihre Ordensschnallen und Kragenknöpfe betrachten, so ist Homburg vor der Höhe Ihre Adresse. Hier sind all die liebenswerten Habseligkeiten ausgelagert, all die kostbaren Utensilien restauriert, inventarisiert und deponiert.

»Wir sind ein Depot für vielfältige Dienstleistungen«, sagt Dr. Willi Stubenvoll, der Leiter des Fachgebietes Museen in der Verwaltung der Staatlichen Schlösser und Gärten in Hessen (wie die offizielle Bezeichnung lautet). Die Brüder Grimm als

Leihanstalt, als Musterkollektion. Wer eine einschlägige Ausstellung auf die Beine stellen will, kommt um Bad Homburg nicht herum. Sogar die Veranstalter der großen Berliner Preußen-Schau haben sich hier bedient, und wenn die Souvenirindustrie Anregungen sucht – etwa Ludwig Emil Grimms berühmte Reisebilderrolle: hier findet sie die Druckvorlage.

Insbesondere Schloß Steinau, das die öffentliche Hand eigens erworben hat, um darin eine würdige Grimm-Gedenkstätte einzurichten, soll von den Bad Homburger Schätzen profitieren. »Nur, was nicht ausstellungsfähig ist«, erläutert Dr. Stubenvoll, »bleibt hier.« Also die Massengraphik, die Skizzenbücher – der »Malerbruder« Ludwig Emil war ja sagenhaft produktiv. Und nicht nur das: auch ungeheuer ordentlich. Als die mit der Erstellung eines Werkverzeichnisses betraute Wissenschaftlerin unter größten Mühen ihre Arbeit vollendet hatte, stellte sich durch einen Zufallsfund heraus: Es war eine überflüssige Fleißarbeit gewesen, der gewünschte Katalog existierte längst – von des Künstlers eigener Hand.

Auch sonst steckt in der Bad Homburger Grimm-Sammlung eine Menge Arbeit. Etwa die Familienbibeln – mit welcher Delikatesse hatte der Restaurator, der an die jahrhundertealten Folianten Hand anlegte, ans Werk zu gehen! Oder die gepreßte Kleeblüte mit dem Widmungsetikett »Gevatter Jacob« – wie leicht konnte das liebenswerte Relikt bei unvorsichtigem Hantieren Schaden leiden! Der Tapetenrest aus Jacob Grimms Berliner Arbeitszimmer – »Goldprägung auf orangefarbenem Hintergrund, 34 x 40,5 Zentimeter« verrät das »Bestandsbuch« –, das lederne Visitenkartentäschchen, die Pillendose mit dem Puttenbild, die Dukatenwaage aus der Wild'schen Apotheke zu Kassel (in die Wilhelm Grimm eingeheiratet hatte): lauter Kleinodien, die es, vom Zahn der Zeit benagt, zu stabilisieren galt (ohne sie in ihrer Substanz anzutasten).

Könnte man sie vielleicht sogar mit Leben erfüllen? Könnte man etwa – um ein Beispiel herauszugreifen – die Rezepte der Dorothea Grimm nachkochen? Wieso nicht? Man muß es nur probieren. Dr. Stubenvoll, dem es die beiden handgeschriebenen Rezeptbücher der Dorothea Grimm besonders angetan haben, ruhte nicht eher, bis er seine Frau für das Experiment gewonnen hatte, und siehe da: Das Resultat befriedigte nicht nur den Historiker, sondern auch den Gourmet: Dorotheas Brotpudding zählt seither zu seinen Leibspeisen. Und die Idee, in der Steinauer Schloßküche didaktische Kochseminare für Kinder ins Leben zu rufen, zu seinen Lieblingsprojekten. Die Allerweltsgasthäuser mit ihren indifferenten Dornröschen-Tellern – heiße Würstchen mit Ketchup und Pommes frites – werden sich auf wissenschaftlich fundierte Konkurrenz einzustellen haben: Essen à la Brüder Grimm.

Die Hausgötter
(Steinau)

Als irgendwann in den siebziger Jahren der Plan aufkommt, das ehemalige Schulgebäude hinterm Steinauer Rathaus abzureißen, um für parkende Autos und eine öffentliche Bedürfnisanstalt Platz zu schaffen, greift der Lehrer Karl Hellwig in der Stadtverordnetenversammlung zum Äußersten: Er liest den Gemeindevätern ausgewählte Textstellen aus Ludwig Emil Grimms Kindheitserinnerungen vor. Das Haus, in dem der ominöse Stadtpräzeptor Zinckhan die Grimm-Buben unterrichtet hat, soll einem Parkplatz weichen? Steinau an der Straße rühmt sich, das »Jugendparadies der Brüder Grimm« gewesen zu sein, und dann entledigt man sich mir nichts dir nichts eines dieser letzten Überbleibsel?

Hellwigs Zitatenlese hat Erfolg: Sein beschwörendes Menetekel, sein dramatisches Porträt jener berühmt-berüchtigten Horrorgestalt, die Schulunterricht mit Kasernenhofdrill verwechselte, so daß Ludwig Emil Grimm schreiben konnte »Noch gehen in Steinau einige herum, die durch seine Prügel ein Auge verloren haben«, macht die Kollegen Stadtväter einsichtig: Eine Ubikation, die derart eindringlich – und sei es auch in noch so abschreckender Weise – in die Literaturgeschichte eingegangen ist, sollte wohl wert sein, unter Denkmalschutz gestellt zu werden. Hellwig ruht also nicht eher, als bis er den Herrn Landeskonservator am Draht hat: Quer durch Hessen telefoniert er an jenem Tag, schließlich holt er den Gesuchten aus einer Sitzung heraus – aus einer Sitzung im Bischöflichen Ordinariat zu Fulda. Und wie geht die Sache aus? Die Brüder Grimm bleiben Sieger! Das Gemäuer, in dem sie »Unterricht in der Violine, Klavier, Rechnen, Schreiben, Religion und Lateinisch« erhielten, in dem der Schulmeister Zinckhan je nach Strafmaß unter seinen (mit eigenen Namen versehenen!) Stökken und Peitschen auswählte und wo zwecks Kostenbeteiligung jeder Schüler täglich ein Scheit Brennholz von daheim mitzubringen hatte, darf nicht abgerissen werden.

Leihgaben gefällig? Grimm-Utensilien aus den Beständen des Homburger Landgrafenschlosses (Verwaltung der Staatlichen Schlösser und Gärten Hessens)

Als der Kunstmaler Eddi Paul Pfisterer sich daranmacht, das Grimm-Märchen vom König Drosselbart in Graphik umzusetzen, wählt er als Kulisse den Ort Steinau an der Straße. Eines der fünf Blätter der Kunstdruckmappe gibt also den Rittersaal des Schlosses wieder, eines eine Gesamtansicht mit Rathaus, Amtshaus und Kirche, und natürlich ist dem Ganzen auch – in Originalfassung – der Text des Märchens beigefügt. Und noch ein Weiteres bekommt der Käufer für seine 28 Mark in die Hand: eine »Analyse, warum dieses Märchen mit seiner Handlung in der Gegend von Steinau seinen Ursprung gehabt haben könnte«.

Als der Fachlehrer Gerhard Freund seine Steinauer Mitbürger dazu aufruft, in ihren verstaubten Schubladen und auf ihren Dachböden nach vergilbten Fotos vom alten Steinau zu suchen, und aus den besten Funden eine Reihe von Nostalgie-Bilderbüchern macht, gibt er den drei Bänden den Titel »Märchenstadt Steinau«. Obwohl das Projekt nichts mit den Brüdern Grimm zu tun hat und schon gar nichts mit deren Märchen, sind sie doch auch hier assoziativ präsent. Woanders hieße es »Alte Ansichten« oder »Stadtzauber anno dazumal« – in Steinau wird daraus automatisch eine »Märchenstadt«. Jacob und Wilhelm lassen grüßen. Die reinsten Hausgötter.

Als in der Katharinenkirche die Fußbodenheizung installiert wird, stoßen die Bauarbeiter auf eine Reihe von Gräbern. Sieben davon werden eindeutig als Grimm-Gräber identifiziert – wieder also ein Indiz ihrer Steinauer Allgegenwart. Als Wilhelm Grimm mit vierzig Jahren »eines Geschäftes wegen« für zwei Wochen in die Stadt seiner Kindheit zurückkehrt und seinen eigenen Spuren von einst folgt, verschafft er sich auch Zugang zur Kirche:

»Vor dem Altar fand ich in einer Reihe fünf Steine von den Meinigen. Sie sind die letzten gewesen, die da begraben wurden. Der Großvater kam als erster hinaus auf den Kirchhof vor der Stadt, der durch eine fromme Stiftung entstand. Die Großmutter, die im Wochenbett starb, hat er zwischen Altar und Kanzel legen lassen – so ist er eine lange Zeit seines Lebens über ihren Grabstein hingegangen.« Und noch einen weiteren

Fund macht er in der »ergreifend stillen« Kirche: Auf dem Brett für die Gesangbücher sieht er die Initialen seines Vaters »vor länger als siebzig Jahren da eingekratzt – wahrscheinlich während der Langeweile, die ihm die Predigt machte«.

Der Grimm-Forscher Wilhelm Praesent aus dem benachbarten Schlüchtern hat präzis nachgerechnet: Vier Generationen Grimm sind mit Steinau verbunden – vierzehn Träger des berühmten Namens hier geboren, vierzehn hier begraben. Eines der Gräber, dasjenige von Großvater Friedrich Grimm, kann man noch heute auf dem Steinauer Friedhof besuchen. Die in der Kirche hingegen sind durch die Fußbodenheizung verdeckt – da muß der Interessent schon seine Vorstellungskraft bemühen. Ob dann wohl auch er etwas von jener Rührung verspüren mag, die den halbwüchsigen Jacob Grimm überkam, als bei der Feier der Konfirmation sein Blick ebenjene Kanzel streifte, von der herab einst der Großvater gepredigt hatte? »Größere Andacht ist nie in mir entzündet gewesen.«

So ließe sich Beispiel an Beispiel reihen: Die Grimms sind in Steinau hochgradig präsent. Und mehr noch: spielen in Steinau bis heute *Schicksal*. Der schon erwähnte Grimm-Experte Wilhelm Praesent, im Hauptberuf Lehrer, opferte seiner Passion sogar die Aussicht auf Beförderung: das stille Glück des Heimatforschers bedeutete ihm mehr als Staatstitel und Tarifklasse.

Diese anhaltende Fixierung der Steinauer auf den Namen Grimm gilt übrigens ebenso auch in der Gegenrichtung: Als 1829, also drei Jahrzehnte nach ihrem Weggang aus Steinau, Ludwig Emil seine Brüder Jacob und Wilhelm porträtierte und vor der Frage stand, mit welchem landschaftlichen Hintergrund er die beiden auf einer Bank sitzenden Gestalten ausstatten solle, entschied er sich für das Panorama von Steinau. Beim Kramen in alten Skizzen war er darauf gestoßen, und schon hatte er die passende Kulisse: Schloßturm und Katharinenkirche, Rathaus und Amtshaus, Stadtmauer und Au. Und damit's auch ja keinen Zweifel daran geben konnte, versah er das Blatt mit dem Vermerk »Im Hintergrund Steinau«.

Als die Brüder Grimm bereits nach Göttingen übersiedelt

waren, nannte sich Jacob in einem Freundesbrief einen »Stockhessen«, der zwar die vielen Vorzüge anderer Gegenden gerne einsehe, aber doch der Heimat »hartnäckig anhänge«: »Wir hielten unsern Fürsten für den besten, den es geben konnte, unser Land für das gesegnetste unter allen.«

Um dieser lokalpatriotischen Einstellung sichtbaren Ausdruck zu verleihen, verfiel Ferdinand, der vierte der Brüder, sogar auf die kuriose Idee, die »Landkarte der Gegend« zu kopieren und dabei alle hessischen Flüsse und Städte »dicker zu malen«. Jacobs Kommentar: »Damit sie mächtiger erschienen.«

Als ich nach Steinau komme, in das hübsche Städtchen im Kinzigtal zwischen Spessart, Vogelsberg und Rhön, ist man gerade dabei, die Brüder-Grimm-Gedenkstätte im Schloß auf Hochglanz zu bringen: Wo man sich lange Jahre damit begnügen mußte, mit einer Kollektion von Familienbildern seinen Anspruch zu untermauern, eine der herausragenden Grimm-Städte zu sein, wird es nun also bald lebhafter zugehen. Die Staatliche Schlösser- und Gärtenverwaltung in Bad Homburg hat ansehnliche Dauerleihgaben aus der *Sammlung Plock* avisiert, die Vitrinen dafür sind schon aufgestellt. Die jetzige Hauptattraktion, das auf einem Fenstertisch montierte Faksimile von Ludwig Emil Grimms berühmtem Reisetagebuch, dessen fünfundsiebzig Federzeichnungen auch so manches Steinauer Motiv wiedergeben (»Bitte langsam und vorsichtig kurbeln!«), wird dann nur mehr eine Kuriosität unter vielen sein. Allerdings – vielleicht auch weiterhin die lustigste: »Heimatfilm« anno 1850.

Burschikos gehen die Steinauer auch sonst mit den Grimms um: Der junge Schloßverwalter und seine Frau stehen willig zur Verfügung, wenn von irgendwoher – für Begrüßungs- oder Photozwecke – die »Familie Grimm« angefordert wird: als lebendes Bild. Sie als die Eltern, ausgewählte Schüler als die sechs Kinder. Zehntausend Mark hat sich der Steinauer »Freundeskreis zur Förderung der Märchenstraße« die Nachbildung der historischen Kostüme kosten lassen, und die öffentliche Hand hat dabei kräftig zugeschossen. Schulklassen, die bei Volksfesten die »Bremer Stadtmusikanten«, Laienspieler, die vor Reisegruppen »Schneewittchen und die sieben Zwerge« aufführen, gehören zur täglichen Routine, und für diejenigen, die sich dem Thema Grimm per Fahrrad nähern wollen, hat der Steinauer Fachlehrer Gerhard Freund einen eigenen Reiseführer geschrieben, der sogar über die dazugehörigen Campingplätze und Jugendherbergen, Polizeidienststellen und Rotkreuzstationen Auskunft gibt. Wohl für jene übereifrigen Grimm-Geschädigten, die sich auf ihrer Pilgerfahrt zu viel zumuten.

Das Amtshaus, in dem Vater Philipp Wilhelm Grimm, aus Hanau wieder in seinen Geburtsort zurückkehrend, von 1791 bis 1796 Dienst versah und mit seiner Familie wohnte, ist recht gut erhalten – nur die berühmte alte Linde vorm Treppenaufgang wird, allen Bemühungen der Fachleute zum Trotz, wohl nicht zu retten sein. Seitdem – im Zuge der jüngsten Gebietsreform – das Amtsgericht in die Nachbarstadt Schlüchtern verlegt worden ist, hat man nun auch hier Platz für Grimm-Gedenkräume. Daß deren Inventar bescheiden ist, mag durch den Umstand wettgemacht sein, daß das Haus als solches zur Besichtigung freigegeben ist: das Wohnzimmer, »wo gewöhnlich gegessen« wurde, wo der alte Kutscher Müller die Speisen auftrug und wo die Kinder vor und nach dem Essen laut zu beten hatten; die Schlafkammer, wo Jacob und Wilhelm sich in ein Bett teilen mußten; Stall und Hof. Und auch das Gebäude des vor den Stadtmauern gelegenen »Biengartens«, den Ludwig Emil so reizend geschildert hat:

»Es war eine rotangestrichene Tür und ein Fahrtor daran; in der Mitte war eine große, dichte, lebendige Laube. In der Mitte ein steinerner Tisch, ringsum große Bänke. Vor der Hütte hatte die liebe Mutter gewöhnlich ihren Sitz; da konnte sie den Garten und uns Kinder übersehen. Dieser liebe Biengarten war meist der Tummelplatz unserer Kindheit, und ich sehe noch in Gedanken das liebe kleine Lottchen in weißem Kleid und rosenrotem breitem Band im großen Gras herumgehn und Blumen abpflücken. Unser ganzer Hausbedarf wurde im Garten gezogen, und zwei Kühe hatten Sommer und Winter Futter daraus. Abends, wenn wir nach Haus gingen, hatte uns unsere treue Marie Pfannkuchen gebacken oder wir hatten im Garten saure Milch gegessen.«

Das ehemalige Huttische Spital am Steinweg, in das die Familie nach dem Tod des Vaters, und die alte Kellerei am Brückentor, in die sie einige Zeit später übersiedelte, sind gleichfalls erhalten: ersteres besonders sorgfältig gehütet als heute ältestes Anwesen von Steinau, letzteres vor einigen Jahren im ursprünglichen Stil wiederaufgebaut. Der Stadtborn an der Kinzig, wo früher die Frauen von Steinau die Wäsche gewaschen und wo die Grimm-Buben gespielt haben, gluckert immer noch so romantisch vor sich hin wie ehedem, und wer unbedingt möchte, darf hier (aber natürlich ebenso an jedem anderen Dorfbrunnen in der weiten weiten Welt) an das Märchen vom Froschkönig denken. Die Leipziger Straße, der Steinau an der Straße seine zweite Namenshälfte verdankt, ist zur Ortsumfahrung abgesunken. Längst geben die Brüder Grimm auch im innerstädtischen Straßensystem den Ton an: Die nach ihnen benannte Ostwestachse ist heute die Hauptstraße.

Von ähnlichen Kreationen an anderen Orten unterscheidet sich die Brüder-Grimm-Straße von Steinau in einem wesentlichen Punkt: Sie ist nicht einfach nur nach Jacob und Wilhelm Grimm *benannt,* sondern sie ist von ihnen auch *benutzt* worden – und zwar vom ersten bis zum letzten Tag ihres Dortseins. Hier verlief nicht nur der Weg vom Amtshaus zur Kirche, zur Schule, zum Schloß – hier kam man auch nach Steinau herein, und hier ging man aus Steinau wieder hinaus. Wenn also Wilhelm die Übersiedlung von Hanau nach Steinau (»auf einem Kästchen zu Füßen der Mutter im Wagen« sitzend) und acht Jahre später seinen Weggang von Steinau nach Kassel schildert, so handelt es sich stets um den nämlichen Schauplatz.

Auch das Amtshaus, Zentrum ihres Lebens für die Dauer von fünf Jahren, liegt nur wenige Schritte seitab der heutigen Brüder-Grimm-Straße. Viel ist über dieses »Märchenhaus des deutschen Volkes« (wie es Wilhelm Praesent ein wenig pathe-

»Sehr schöner Pudding von Schwarzbrod«: aus den Rezeptbüchern der Dorothea Grimm

tisch genannt hat) geschrieben worden. Dank der Nachforschungen des Marburger Ethnologen Alfred Höck wissen wir sogar, wie es um den Lebensstandard der Familie Grimm in ihrer Steinauer Zeit bestellt war: 583 Gulden Jahressold und dazu »34 Achtel Korn, 4 Achtel Weizen, 4 Achtel Gerste, 70 Achtel Hafer, 7 Geschock Stroh und 46 Klafter Holz« als Naturalien. Philipp Grimm »hatte also nicht üppig zu leben, und seine Frau Dorothea mußte sparsam wirtschaften«. Noch schwieriger wurde es nach dem frühen Tod des Amtmanns: »Mit 6 allesamt noch ohnerzogenen Kindern, worunter 5 hoffnungsvolle Knaben, sehe ich mich dadurch leider in den betrübtesten Witwen- und Waisenstand versetzt«, schreibt Dorothea Grimm in ihrem Gesuch um Bewilligung einer Gnadenpension. Wie solle sie sonst »jenen lehrbegierigen Knaben einen solchen Unterricht geben lassen, der sie dem Vaterlande dereinst brauchbar mache«?

Über das tägliche Leben im Amtshaus liegen mehrerlei Zeugnisse vor, die farbigsten von Jacob Grimms Hand:

»Angenehme Auftritte im Haus waren: das Schlachten und Wurstmachen, Backen und Kochen von Latwerge. Zuwider waren mir: die große Wäsche, Bohnenschnitt, Hopfenlesen. Kleine ähnliche Geschäfte, zum Beispiel Lesen von Linsen zum Gericht auf morgen, eines Pfunds Kaffee, eines Mäßchens Gerste, habe ich der Mutter dagegen mit gewissem Vergnügen ausgerichtet. Das Schneiden der einzumachenden Kohlstengel war ebenfalls unangenehm. Unter den Speisen waren mir verhaßt: Zwiebeln und gelbe Rüben, beides aus Nachahmung des Vaters, Heidensuppe und eine Mehlsuppe, die wir Kopfwehsuppe nannten, weil dieses vorgeschützt wurde, um sich davon loszumachen. Nach dem Mittagessen zwischen dem Kaffee ging der Vater gern im Hof und Hausgarten, schnitt Weintrauben zum Dessert ab oder untersuchte den Hühner- und Enten- und Taubenstall, fütterte die Enten im Trog mit Hafer, besah die Pferde und ging durch den Schafstall zu den Kühen. Wie oft habe ich den Kühen Futter vorwerfen oder sie melken sehen! Auch hielten wir Schafe, die aber meist auf dem Felde waren und nicht heimkamen, die jungen Lämmerchen waren eine besondere Freude, und der Vater sah auf schwarze wegen der schwarzen Wolle zu nicht schmutzenden Strümpfen, dergleichen wir viele Jahre trugen.«

Aus den Erinnerungen des jüngeren Bruders Ludwig Emil wissen wir übrigens auch, wie Vaters Uniform beschaffen war, die dieser bei dienstlichen Anlässen anzulegen pflegte:»Blauer Frack, zwei goldene Epauletten, rotsamtener Kragen, lederne Beinkleider und Stiefel mit silbernen Sporen.« In so manchem Steinauer Haus, so vermuten Eingeweihte, dürften noch heute Originalurkunden von Amtmann Philipp Grimms Hand aufbewahrt sein – weitergegeben von Generation zu Generation. Ob man vielleicht mal bei der Wirtin »Zum weißen Roß« nachfragt? Ihr Urahn, der »lange Ekhard«, war bei den Grimms ein und aus gegangen, da müßte eigentlich einiges an Erinnerungsstücken aus alter Zeit weitervererbt worden sein.

Oder ist es lohnender, sich für *neuere* Formen der Traditionspflege zu interessieren – etwa für die Art und Weise, wie die Leute vom Steinauer Marionettentheater dem Werk der Brüder Grimm zu dienen versuchen?

»Wir könnten uns natürlich auch zusammensetzen und selber mal ein Stück schreiben; bestimmt würde dabei was Brauchbares herauskommen. Aber wir halten es für wichtiger, das überlieferte Volksgut *Märchen* am Leben zu erhalten und weiterzugeben.«

Monika Magersuppe weiß, wovon sie spricht: Sie ist nicht nur – seit dem Tod ihres Vaters, des Gründers und langjährigen Prinzipals der »Holzköppe« – einer der »Drahtzieher« dieser weit über die Grenzen Hessens und Deutschlands hinaus renommierten Puppenbühne, sondern sie hat sich auch das theoretische Rüstzeug ihres Metiers verschafft, hat an der Universität Theaterwissenschaft studiert. Daß sie nicht den Doktor gemacht hat, lag nur am plötzlichen Ausfall des Vaters: Karl Magersuppe zu ersetzen, mußten von einem Tag auf den andern sämtliche Familienmitglieder mit anpacken, also auch sie. Seither betreiben sie das Steinauer Marionettentheater mit seinen 600 Vorstellungen pro Jahr zu fünft und mit einer eigenen Diensteinteilung (fürs Spielen braucht man jeweils drei). Von den rund 14 Stücken, die sie im Repertoire haben, sind zwei Drittel Grimm-Märchen. Das hat natürlich auch damit zu tun, daß sie nicht an einem x-beliebigen, sondern an einem Grimm-Ort ansässig sind, in einer Umgebung spielen, in der die späteren Märchensammler Jacob und Wilhelm Grimm einen Teil ihrer Kindheit zugebracht haben.

Das war nicht immer so. Die »Holzköppe« sind aus einer Göttinger Studentenbühne hervorgegangen, der der theaterbegeisterte Kasseler Bilanzbuchhalter Karl Magersuppe 1924 ihren Fundus abkaufte. Als Wanderkomödiant zog er nun mit seinen Fadenpuppen durch die Lande – erst 1956 entschied er sich für ein festes Quartier. Und hier, im ehemaligen Marstall des Steinauer Grafenschlosses, blieb man fortan seßhaft. Mit einer einzigen Einschränkung: den Auslandsgastspielen, die den hervorragenden Ruf der Steinauer Marionetten – übrigens lange Jahre vom Prinzipal eigenhändig geschnitzt! – auch in die Welt hinaustrugen. Bis nach Japan zum Beispiel. »Die japanischen Kinder kennen die Märchen der Brüder Grimm besser als die deutschen.«

Wieder also das Stichwort Japan: Wo immer ich zum Thema Grimm recherchiere, kommt früher oder später die schier unglaubliche Grimm-Rezeption der Asiaten zur Sprache. Im Fall »Holzköppe« war der japanische Grimm-Übersetzer am Werk: Er hat das Fernostgastspiel der Steinauer in die Wege geleitet und die Honda-Leute als Sponsoren gewonnen: Japanische Motorräder im Dienste der deutschen Literatur.

Die Achse Steinau–Tokio funktioniert auch sonst: Vor kurzem hat die japanische Handelskammer bei den Magersuppes angefragt, mit welcher Art von Souvenirs man wohl am besten die japanischen Grimm-Fans versorgen könne, und die Magersuppes haben geantwortet, probiert's doch mal mit Ansichtskarten nach Zeichnungen von Ludwig Emil Grimm. Keine schlechte Idee: Da kämen dann vielleicht auch Steinauer Ortsmotive in Millionenauflage in Umlauf – am andern Ende der Welt.

Wenn irgend jemand es bezeugen kann, daß die Märchen der

Grimm-Zitate im Dienst des Denkmalschutzes: Karl Hellwig vorm Haus des Steinauer Stadtpräzeptors Zinckhan

Brüder Grimm keine nationale und schon gar keine regionale Angelegenheit, sondern ein Stück Weltliteratur sind, dann die »Holzköppe«. Das haben ihnen immer wieder ihre Tournee-gastspiele gezeigt. Und natürlich auch die vielen Ausländer, die ihretwegen nach Steinau kommen. Gar nicht zu reden von denen, die mit ihnen zusammenarbeiten: Seit 1966 teilen sich die Magersuppes mit einem tschechischen Team in die Erarbei-tung der Neuinszenierungen. Regie, Kostüme, Bühnenbild und Musik – bei allem wirken Künstler aus der ČSSR mit: Blutauffrischung über die politischen Grenzen hinweg.

Auch im Inhaltlichen treten die »Holzköppe« durchaus nicht auf der Stelle, sind sie stets Neuem aufgeschlossen, sinnvoller Aktualisierung der zeitlosen Stoffe. Junior Karl Erich Mager-suppe erklärt es mir am Beispiel des »Froschkönigs«: »Im Märchen heißt es einfach, der Prinz wird von einer bösen Hexe verwünscht und so in einen Frosch verwandelt. Wieso eigent-lich? Keine weitere Begründung. Also liefern wir in unserer Inszenierung die fehlende Begründung nach: Der Prinz wird in einen Frosch verwandelt zur Strafe dafür, daß er auf einem seiner Ausritte rücksichtslos einen Froschzug zermalmt hat. Sie wissen: die berühmten Hochzeitszüge der Frösche, wenn sie zu Hunderten an ihren Laichplatz ziehen – es ist ja eine der bekannten Miseren auf unseren Landstraßen, gerade auch hier im Spessart. Da kriegen die Kinder also gleich eine kleine Lektion Tierschutz mit auf den Weg. Oder die Szene, wo der Frosch von der Königstochter erlöst wird: Im Märchen wirft sie ihn an die Wand. Bei uns geschieht es durch einen Kuß.« Ja, die Magersuppes sind eben friedfertige Leute.

Und doch: Ich habe sie auch streitbar erlebt. Gegen Schluß – als ich mich schon verabschiede. Und sie nach dem Weg nach Schlüchtern frage.

»Sie wollen nach Schlüchtern fahren?« erkundigt sich Moni-ka, nicht ohne Gereiztheit im Ton.

»Ja«, antworte ich, »dort soll es ja auch allerlei Grimm-Andenken im Museum geben – die möchte ich mir ansehen.«

»Es ist eine Schande«, steigert sich Monika Magersuppe in den engagiertesten Lokalpatriotismus, »daß diese Dinge in

Schlüchtern sind. Und nicht in Steinau, wo sie hingehören.«
Und schon sind wir mitten im Thema: im Thema »expatriiertes Kulturgut«. Endlich könne man ja über diese Dinge offen sprechen, überall flammten Diskussionen darüber auf – Melina Mercouris Forderung, England habe Griechenland den Parthenonfries zurückzuerstatten, sei nur eine von vielen.

Und so erfahre ich von dem Streit zwischen der echten und der scheinbar angemaßten Grimm-Stadt, vom Unmut der einen über die Schätze der andern, von Alleinvertretungsansprüchen hier und von Schadenfreude dort, und je länger ich darüber nachdenke, wessen Partei ich in dieser heiklen Causa ergreifen soll, desto klarer wird mir, wie sehr es für die Popularität der Brüder Grimm spricht, wenn sich ihretwegen ganze Kommunen in den Haaren liegen – bis heute. Selten hat mich eine Kontroverse so freudig gestimmt wie diese. Ich will mich also noch ein wenig weiter mit ihr beschäftigen. Im nächsten Kapitel.

Die Dependance
(Schlüchtern)

In der Streitsache Steinau/Schlüchtern bin ich nicht Partei – ich sehe die Angelegenheit von außen, aus neutraler Distanz. Ich teile also weder die Eifersucht der einen noch die Schadenfreude der andern Seite. Nur: Ich verstehe nun, warum es sie gibt. Natürlich muß es jeden Steinauer Lokalpatrioten in heiligen Zorn versetzen, wenn er unter den Ausstellungsstücken des Schlüchterner Bergwinkelmuseums jenes aus dem Gesangbuchbrett der Steinauer Katharinenkirche herausgeschnittene Holztäfelchen bemerkt, in das Vater Grimm seine Initialen eingeritzt hat. Da mag der befremdliche Transfer sich noch so rechtmäßig zugetragen haben: Aus örtlicher Sicht wird er wohl für alle Zeiten ein Piratenstück bleiben und ein Kirchenfrevel obendrein.

So – und jetzt wechseln wir die Position und nehmen die Sache aus Schlüchterner Perspektive ins Visier. Zuvor aber repetieren wir noch einmal rasch unsere Grimm-Lektion: Steinau, die Stadt ihrer Kindheit – Schlüchtern, ein gelegentliches Besuchsziel, nicht mehr. Wollte man die Sache mathematisch ausdrücken, so käme man auf ein Verhältnis von tausend zu eins. Wo aber sind heute Jacob Grimms goldene Taschenuhr zu bestaunen, Wilhelm Grimms Ehering und Charlotte Grimms Kinderzeichnungen? Nicht in Steinau, sondern in Schlüchtern. Nicht im Haupthaus, sondern in der Dependance.

Dem Literaturtouristen freilich kann die Sache gleichgültig sein: Für ihn liegen beide Orte am Weg, und vielleicht weiß er es sogar zu schätzen, daß er dieser absonderlichen »Gütertrennung« eine zusätzliche Station verdankt. Auch wollen wir hier nicht in eine Diskussion darüber eintreten, welches der legitime Aufbewahrungsort von Memorabilien ist: derjenige, der durch Schenkung, Ankauf oder Ärgeres die betreffenden Stücke in seinen Besitz gebracht hat, oder derjenige, dem sie historischbiographisch zuzuordnen sind. Solche Streitfälle sind weltweit anhängig, und man weiß von gesetzlich wohlabgesichertem besitzerlichem Beharren ebenso wie von aufsehenerregenden Beispielen generöser Repatriierung. Denken Sie etwa an die Stephanskrone, die die Amerikaner vor einigen Jahren den Ungarn zurückerstattet haben. Denken Sie aber auch an die Westberliner, die kein noch so heftiges Begehren der Ägypter dazu bringen kann, sich von der Nofretete zu trennen, oder an die Wiener Schatzkammer, die zum Ärger der Stadt Aachen auf den Reichsinsignien sitzt.

So viel zum Wettstreit zwischen Steinau und Schlüchtern, zwischen der »echten« und der »angemaßten« Grimm-Stadt (wobei anzumerken ist, daß die jüngst erfolgte Anreicherung der Grimm-Sammlung im Steinauer Schloß aus den Bad Homburger Beständen das verlorene Gleichgewicht einigermaßen wiederhergestellt haben dürfte).

Ich verlasse nun die Ebene nachbarschaftlicher Querelen: Grimm-Lokalaugenschein in Schlüchtern. Im Garten des Lauterschen Schlößchens haben Jacob und Wilhelm mit den Kindern des damaligen Schloßbesitzers, des Salzverwalters Stickel, gespielt, wenn Vater Grimm, zu dessen Außenagenden auch das Amt Schlüchtern gehörte, in den Nachbarort kam und im Schlüchterner Rathaus seine Sprechstunden abhielt. Die Grimms waren mit den Stickels befreundet – eine Visite im Lauterschen Schlößchen gehörte also automatisch mit dazu. Heute beherbergt der anmutige Sitz, an dessen spitzbogiges Portal, dessen steiles Satteldach, dessen Wassergraben und Brücke und dessen Garten mit der Buchenlaube und den üppigen Beerensträuchern sich die Grimms auch in späteren Jahren gern erinnerten, eines der ohne Zweifel attraktivsten deutschen Heimatmuseen dieser Größenordnung.

Adolf Grammann, der nicht erst seit der großzügigen Renovierung des Schlößchens und mustergültigen Neuaufstellung der Exponate über das Bergwinkelmuseum wacht, zeigt mir das Herzstück der Sammlung: die Grimm-Stube im zweiten Stock. Der dunkle Farbanstrich des Separatums und die dichten Vorhänge, die das schädliche Tageslicht von den empfindlichen Objekten fernhalten, stimmen den Besucher nicht nur feierlich auf die Besonderheit des Ortes ein, sondern verraten auch höchste konservatorische Sorgfalt. Ich bekomme das aus dem Jahr 1855 stammende Kreide-Original von Elisabeth Jerichaus berühmtem Doppelporträt der alternden Brüder Grimm zu sehen (die Vorzeichnung zu dem in der Berliner Nationalgalerie aufbewahrten Ölgemälde), Ludwig Emil Grimms Lithographie von den Brüdern auf der Gartenbank, sein Porträt des im Hause Grimm ein und aus gehenden Handelsjuden Mardochai Löb, des »Preißje von Schlüchtern«, und schließlich sein eigenes Selbstbildnis. Auch Federzeichnungen des Malerbruders hängen an der Wand – für tausend Mark das Stück konnte man sie vor einigen Jahren aus Privathand erwerben, wahrlich eine Okkasion! In den Vitrinen Kostbarkeiten über Kostbarkeiten: Großvater Friedrich Grimms Originalquittung über den Empfang seiner 25 Gulden Jahressalär als Pfarrer von Steinau, Vater Philipps schon erwähnte »Verewigung« im Gesangbuchbrett der Steinauer Stadtkirche, Wilhelm Grimms Ehering, Jacobs Taschenuhr, Petschaft, Siegelring, Papierschere und Falzbein, dazu Stammbucheintragungen, allerlei Hausrat. Sogar das Haushämmerchen!

Löblich, wie auch des schwarzen Schafs der Familie gedacht ist: Ferdinand, der Drittgeborene der fünf Brüder, dessen 1838 unter dem Pseudonym Philipp von Steinau erschienene Sammlung deutscher Volkssagen wenig Beachtung gefunden hat, ist mit seinem Brautbrief vertreten: einem höchst kunstvoll beschrifteten, verzierten und ausgeschnittenen Papiergebilde.

Fast überflüssig zu erwähnen, daß auch die *Präsentation* der Exponate im Bergwinkelmuseum höchsten Ansprüchen genügt: Ist man sich seiner Sache nicht sicher, so macht man daraus in der Objektbeschriftung kein Hehl. Beispiel solch sorgfältigen Formulierens: »Taschentuch, vielleicht auch Handtuch Ludwig Emil Grimms.« Wie lange mag da erst über den endgültigen Text gegrübelt worden sein, mit dem – auf einer der Schrifttafeln in der Grimm-Stube – dem Besucher die Persönlichkeit der Brüder Grimm nahegebracht werden soll? Auf diese drei Prädikate hat man sich schließlich geeinigt: ihre »intellektuelle Redlichkeit«, ihre »tadelsfreie ethisch-politische

Brüder-Grimm-Kindertheater am Kindheitsort der Brüder Grimm: die »Holz-köppe«

Haltung« und ihre »brüderlich-menschliche Arbeits- und Lebensgemeinschaft«. So knapp wie umfassend – treffender kann's auch der beste Biograph nicht sagen.

Es ist an der Zeit, das Bild von der »angemaßten« Grimm-Stadt Schlüchtern zu korrigieren: Ganz so einfach liegen die Dinge auch wieder nicht. Es ist also nicht nur das Walten des (1976 verstorbenen) Schlüchterner Ehrenbürgers Wilhelm Praesent, dessen unermüdlicher Forschertätigkeit die Offenlegung so mancher Grimm-Spur und dessen Nahverhältnis zu den Hassenpflugs (in deren Familie Lotte Grimm 1822 eingeheiratet hat) die Übereignung so mancher Memorabilien zu verdanken ist: es hat auch dieses Schlüchtern *selbst* sein Quentchen Grimm-Vergangenheit. Der Klosterrentmeister Jacob Schlemmer, Jacob Grimms Patenonkel, stammt aus der Bergwinkelstadt, desgleichen sein Hebräisch-Lehrer Jochil Kiefe sowie der schon erwähnte Wanderhändler Mardochai Löb, und der berühmt-berüchtigte Stadtpräzeptor Zinckhan kam vom Drasenberg. Zwei der Grimm-Brüder, Wilhelm und Ludwig Emil, bezogen in späteren Jahren, sooft sie ins Kinzigtal kamen, im Schlüchterner »Goldenen Stern« Quartier, und zu Ludwigs liebenswürdig-witzigsten zeichnerischen Hinterlassenschaften zählt seine Skizze von den dramatischen Verhandlungen mit dem Gastwirt, der den Ankömmlingen nur noch mit Räumlichkeiten zweiter Wahl dienen kann: »Ich bedaure unendlich, Ihnen keine Zimmer im ersten Stock anbieten zu können – sie sind leider besetzt.«

Die herausragende Verbindung Schlüchterns mit den Brüdern Grimm bleiben jedoch deren Besuche in den Kinderjahren: wenn ihr Vater, der Amtmann, im Nachbarort nach dem Rechten sah und die beiden Sprößlinge für die Dauer seiner Amtsgeschäfte im Lauterschen Schlößchen »ablud«. Oder sie, an jeder Hand einen, auf den Markt mitnahm und so das Spektakel der Händler und Gaukler miterleben ließ: das Spektakel der Hafner und Seifensieder, der Tabakspinner und Hutmacher, der Briefmaler und Buchbinder, der Wundärzte und Zinngießer, der Taschenspieler und Seiltänzer, der Kräuterhändlerinnen und Wahrsagerinnen.

Wilhelm Praesent hat mit seiner Erzählung »Amtmann Grimm besichtigt den Schlüchterner Markt anno 1792«, die ein farbiges, äußerst detailgetreues Bild jener Tage gibt, nicht nur der Brüder-Grimm-Gesellschaft zu einer ihrer schönsten Jahresgaben verholfen, sondern auch seiner Heimatstadt ein bleibendes literarisches Denkmal gesetzt, das hoch über dem üblichen Heimatkunde-Standard liegt. Wie die »geschlossene Kutsche« aus Steinau, »am Schlag mit dem hessischen Löwen geschmückt«, in Schlüchtern einrollt, wie sich der Kutscher, der aus Schlüchtern stammende Johannes Müller, »in seiner Vaterstadt doppelt würdig benimmt«, wie die Leute auf der Straße vor der Amtsperson mit dem »gepuderten Haar, dem schwarzseidenen Haarbeutel, dem Spitzenjabot und der Halsbinde« die Hüte und Kappen ziehen, wie der »Mann der Ordnung« leutselig seinen Inspektionsgang antritt, wie er im Wirtshaus mit Posthalter und Apotheker, mit Schultheiß und Stadtleutnant, mit Förster und Marktbeseher über Gott und die Welt palavert, derweil die beiden Buben ihr Gebäck knabbern und ihre Schokolade schlürfen, und wie Jacob und Wilhelm von ihrem Marktgeld einen Hauskalender für die Frau Tante und ein Lebkuchenherz für die Dienstmagd erwerben – das ist weit mehr als nur eine Aneinanderreihung historisierend nachempfundener »lebender Bilder« für Kleinstadt-Idylliker. Das ist ein Stück handfesten Geschichtsunterrichts von jener raren Art, wie sie die kindliche Phantasie zu beflügeln vermag.

Erraten Sie, wo Autor Praesent die beiden Grimm-Buben auf ihrem Gang über den Markt besonders lange verweilen läßt? Richtig – beim Buchbinder:

»Die Schreibhefte, Hausbüchlein mit Goldborten und Glanzpapiereinband und das gute englische Zeichenpapier waren gar schön anzuschauen. Daheim bekamen die Brüder nur Abfälle aus der Amtsstube, wenn sie zeichnen, malen oder aufkleben wollten.«

Buch und Schrift und Papier zählten zu den wichtigsten Elementen im späteren Leben der Bibliothekare, Volkskundler, Sprachforscher und Nachdichter Jacob und Wilhelm Grimm. Wilhelm Praesent läßt es behutsam anklingen. Behut-

sam, aber doch beizeiten. Und ohne jede philologische Ge-
stelztheit. Vor einer einfachen Handwerkerbude auf dem
Schlüchterner Markt.

Das Denkmal
(Hanau)

Einmal hat man schon das Klischee erneuern, das Original durch eine Zweitanfertigung ersetzen müssen: Die Brüder Grimm auf dem Hanauer Poststempel zeigten die ersten Deformierungen – kein Wunder bei über zwanzigtausend Arbeitsgängen pro Tag. Jetzt aber ist das berühmte Doppelporträt wieder frei von Mängeln, auch der Begleittext wieder gestochen scharf:»Hanau – Geburtsstadt der Sprachforscher und Märchensammler Jacob und Wilhelm Grimm.«

Man soll solche Dinge nicht unterschätzen, nicht bloß Briefmarkensammler haben einen Blick dafür: So pflegt eine Stadt ihre Verbindung mit der Welt. Jegliches Poststück, das innerhalb von Hanau im Briefkasten landet, wird ohne besondere Aufforderung mit dem Konterfei der Brüder Grimm entwertet. *Ent*wertet – oder *auf*gewertet?

Manchem extravaganten Sammler ist es sogar eine eigene Eingabe an das Hauptpostamt Hanau wert, den Stempelaufdruck in einer ganz bestimmten Ausführung zu erhalten, und um dabei völlig sicher zu gehen, fügt er seinem Ansuchen eine entsprechende Skizze bei. Die Beamten des Hauptpostamtes Hanau Abteilung Briefabgang haben für derlei Wünsche Verständnis, erledigen alles prompt. Auch kann der Petent zwischen Maschinenstempel und Fauststempel wählen: vom Fließband oder händisch – ganz wie's beliebt.

Fangen wir ein bißchen zu rechnen an: zwanzigtausend Grimm-Sonderstempel pro Tag – wem ist dabei gedient? Auf jeden Fall der Stadt Hanau, die auf diese Weise weltweit auf sich aufmerksam macht. Auf sich und ihre beiden »großen Söhne«. Sodann der Post, die sich ihre Extraleistung ja wahrscheinlich von der Stadt honorieren läßt. Und natürlich den Markensammlern. Auch den Brüdern Grimm?

Eine, die das entschieden verneinen würde, ist die Lokalredakteurin Ilse Werder. Die kritisch-streitbare Dame führt seit Jahren – mehr oder minder im Alleingang – einen couragierten

Kampf gegen nur äußerlichen Grimm-Kult, und richtig giftig wird sie, wenn solcher nur äußerlicher Grimm-Kult auch noch kommerziell motiviert ist: »Das bringt uns die beiden keinen Millimeter näher.« Sie will, daß die Leute sich vor allem mit dem *Werk* der Brüder Grimm befassen, und Werk – das heißt für sie: nicht nur die Märchen. Muß es da nicht immerhin ein bißchen Genugtuung für sie sein, daß im Hanauer Poststempel auch der *Sprachforscher* Grimm gedacht wird – und sogar an erster Stelle, noch *vor* den *Märchensammlern*? Gut möglich, daß da ohnehin Frau Werder ihre Hand im Spiel gehabt hat.

Für ihren Kampf gegen Veräußerlichung und Vermarktung nimmt sie gern auch in Kauf, bei manchen Stadtgewaltigen als Nörglerin verschrien zu sein, und daß man ihr den Spitznamen »Witwe der Brüder Grimm« verpaßt hat, faßt sie keineswegs als Affront auf, sondern – welche dialektische Raffinesse! – als Auftrag, dem sie sich mit Wonne unterzieht. Ein Ehrentitel ist es allemal, denn Ilse Werder hat ja weiter nichts davon: Sie kassiert keine Grimm-Tantiemen, hat keine Grimm-Erbschaft angetreten, kandidiert nicht für einen der vielen Grimm-Preise (und am wenigsten für den der Stadt Hanau). Sie tut, was sie tut, einzig für ihre Überzeugung. Sollte sie also einmal anecken und von einem ihrer »Opfer« vor Gericht gezerrt werden, dann wehe, ihr Richter entstammt dem Kreis der Hanauer Traditionshüter: Schon bei der Aufnahme der Personalien würde sie ihm Strafverschärfendes in die Hand spielen: eine Neubürgerin! Aus Kassel ist sie vor siebzehn Jahren zugewandert. Und will nun den Hanauern vorschreiben, wie die mit ihrem kulturellen Erbe umzugehen haben – unerhört!

Klar, daß ich die »Grimm-Witwe« kennenlernen muß. Ich verabrede mich mit der Endfünfzigerin in der Gaststube von Schloß Philippsruhe – es ist der Tag, da die Stadt Hanau zum erstenmal ihren Brüder-Grimm-Preis verleiht: an den DDR-Lyriker Wolfgang Hilbig. Vor dem Festakt im Weißen Saal des Schlosses bleibt noch ein wenig Zeit, Ilse Werder nach ihren Aktivitäten auszufragen.

Da ist zunächst einmal die Sache mit den Märchentellern. Eine amerikanische Herstellerfirma hat sie der Stadt Hanau

Von Steinau nach Schlüchtern: Vater Grimms Initialen im Gesangbuchbrett (Schlüchtern/Bergwinkelmuseum)

eingeredet: Wandteller mit Grimm-Motiven. Man kennt derlei Schnickschnack: Souvenirs, die wohl nur schwer zu verhindern sind. Über Geschmack läßt sich nicht streiten – schon eher über anmaßende Werbeaussagen wie »Kunstobjekt«, »Wertanlage« oder »Sammlerstück«. Aber vor allem: Mußte dem Zeug denn wahrhaftig der magistratische Segen erteilt werden? Mußte der Oberbürgermeister wirklich per feierlichem Dekret den Teller-Sellern die Benutzung des Hanauer Stadtwappens genehmigen? Und ihr Produkt »für offiziell erklären«, was immer dies heißen mag?

Auch der »Grimm-Witwe« flattert ein einschlägiger Werbebrief auf den Tisch, und sie reagiert auf ihre Weise: mit Empörung und Spott. »Wenn das Jacob und Wilhelm wüßten . . .«, hat sie schon bei früheren Anlässen in ihrer Zeitung gewettert. Und sie tut es wieder: »Mit den Brüdern Grimm wird Kasse gemacht« übertitelt sie ihren Vierspalter und hält den Verantwortlichen der »Brüder-Grimm-Stadt« vor, daß sie besser daran täten, die Bevölkerung mit profunder Information über Leben und Werk der beiden zu versorgen, ihre Museumsbestände sinnvoller aufzubereiten, die Herausgabe qualitätsvoller Publikationen zu unterstützen.

Oder nehmen wir die – gewiß gutgemeinte – Bürgerinitiative mit der Grimm-Linde. Wozu vor dem ehemaligen Geburtshaus ein Baum mit Gedenkstein? Originalton Ilse Werder: »Auf einem Sockel, in Münzgold, Bronze oder Stein bleiben sie so tot wie zuvor.«

Schärfer schlägt die »Grimm-Witwe« zu, wenn am Hanauer Grimm-Denkmal ein Werbespektakel für einen Science-Fiction-Film in Szene geht und Laserkanonen und Kunststoffroboter im Namen der Brüder ihr Unwesen treiben: Da sind ihr dann auch Qualifizierungen wie »brutale Beleidigung« und »schlimmste Perversion« nicht zu grell.

Auch das Treiben der japanischen Werbemanager, Textilfabrikanten und Rundfunkreporter, die sich aus der Geburtsstadt der Brüder Grimm Anregungen für ihre Jubiläumsindustrie holen, beobachtet Frau Werder mit begründetem Argwohn: »Die ganze Kommerzialisierung wäre höchstens dann

legitim, wenn dadurch auch die Werkkenntnis gefördert wird.«
Wo es darum geht, ihre beiden Schützlinge vor Mißbrauch
zu bewahren, schreckt die streitbare Journalistin auch vor
respektlosem Schabernack nicht zurück. In der Fastnachts-
ausgabe ihrer Zeitung konnte man sich vor einigen Jahren an
einer Photomontage delektieren, die das Hanauer Grimm-
Denkmal in neuer »Besetzung« zeigte: die beiden konkur-
rierenden Landräte an der Stelle von Jacob und Wilhelm. Mit
dem Märchen »Der Rote und der Schwarze«, das sie sich dazu
in bester »Es war einmal«-Manier einfallen ließ, zielte sie
frontal auf die kommunale Politiker-Eitelkeit: »Der gewaltige
Ruhm der Brüder Grimm ließ zwei einheimischen Politikern
keine Ruhe, und sie träumten Tag und Nacht davon, dereinst auch einmal auf einem großen Sockel zu sitzen und von
der Nachwelt in staunender Unwissenheit bewundert zu
werden.«
Natürlich ließ sie sich nicht die Chance entgehen, bei dieser
Gelegenheit auch gleich den Parteigängern der beiden Würden-
träger eins auszuwischen:
»Riefen die einen ›Unserer hat die längsten Beine!‹, so
antworteten die anderen ›Unserer hat die schnellste Zunge!‹
Und tönten diese ›Unserer ist für Ruhe und Ordnung!‹, so
riefen jene ›Aber unserer ist so progressiv!‹«
Die versierte Lokalredakteurin Ilse Werder weiß selbstverständlich, daß solches Mäkeln allein zu wenig wäre, und so
schritt sie im Sommer 1978 ihrerseits zur Tat. Und zog im
Goldschmiedehaus eine Grimm-Ausstellung auf, die – mögen
es ihr selber auch bei weitem zu wenig gewesen sein – immerhin
sechstausend Besucher anlockte. »Sie sind die großen Söhne
unserer Stadt«, begründete sie das Unternehmen des Hanauer
Kulturvereins im Katalogvorwort, »aber niemand von uns hat
ein Verdienst daran, daß sie hier geboren wurden, daß man sie
groß nennen darf. Die Größe entfernt sie uns sogar und schafft
Abstand. Das ist zu unserem Schaden, und das haben die
Brüder Grimm nicht verdient. Es scheint an der Zeit, daß man
einander näherkommt. Wenn die ganze Welt die Brüder Grimm
vorwiegend als Märchenerzähler kennt, in Hanau müßte man

ein wenig mehr von ihnen wissen. Die beiden netten alten Herren auf dem Marktplatz sollten weniger als nationale Heroen denn als liebenswerte Menschen gesehen werden, die wahrhaft Außerordentliches geleistet und sich auch als engagierte Bürger hervorgetan haben.«

Die Nonkonformistin Ilse Werder, spitzbübisch auch hier, ließ sich natürlich für »ihre« Ausstellung einiges einfallen. Das begann schon beim Titel: »Drei Brüder Grimm«. Wieso *drei*? Gerade in Hanau, dessen Museum zahlreiche wichtige Blätter des Malerbruders Ludwig Emil besitzt, die in engem Zusammenhang mit dem Werk der beiden älteren Geschwister stehen, war ein ehrendes Gedenken für diesen stets im Schatten der anderen stehenden dritten Grimm überfällig. Die Frage liegt auf der Hand: Wer wird wohl den nächsten Schritt tun und als erster auch die restlichen Geschwister Grimm mit einbeziehen: die »liebe Lotte« und die beiden Außenseiter Ferdinand und Carl?

Im heutigen Hanau, wo die Bomben des Zweiten Weltkriegs kaum einen Stein auf dem anderen gelassen haben, muß sich, wer sich die frühe Kindheit der Brüder Grimm – bei Jacob waren es die ersten sechs, beim ein Jahr jüngeren Wilhelm die ersten fünf Lebensjahre – vergegenwärtigen will, besonders schwertun. Da zählt dann um so mehr, daß Jacob Grimm in seinen von der Preußischen Staatsbibliothek gehüteten Aufzeichnungen »Besinnungen aus meinem Leben« auch der Hanauer Zeit gedenkt – und zwar mit so manchem farbigen Detail:

»Ich weiß mir das Haus, wo die Eltern in der langen Gasse zu Hanau lebten, noch ziemlich vorzustellen. Es war hellroth angestrichen, neben links lag ein anderes von dunkeler Steinfarbe, das zu dem auf der Gegenseite des Viertels liegenden Neustädter Rathhaus gehörte. Wer darin wohnte, weiß ich nicht, auch hatten wir keine Bekanntschaft damit, allein es war da ein großer Hof mit Rasen, worauf ich als gespielt habe. Gegenüber diesem Haus etwa ging eine Nebenstraße, worin Lohkäse aufgestellt waren, deren Geruch mir noch specifisch erinnerlich ist. Die rechts, aber weiter unten laufende Nebenstraße hieß die Fahrgaße, worin die Tante wohnte. Uns gegenüber wohnte ein Handschuhmacher Namens Femel, in deßen Stube ich Fetzen Leder oder Bälle bekam. Zu seiner Seite am Eck wohnte eine Mamsell Stapfern, Nähterin, Wäscherin oder Tapezirerin oder so etwas und ich glaube oben im Stockwerk der Lt.Zoll; diese 2 Namen sind mir fest im Gedächtnis, aber keine Sachen.

In unserem Haus wohnten wir (zur Miethe) ganz allein, unten war ein Besuchszimmer, gewöhnlich leer, mit Jägern auf der Tapete. In dieser Stube an den gefrornen Fenstern wurden einmal Münzen ins Eis abgedruckt. Der Hof war eng, es wurde darauf Holz gesägt, und rechts war die Waschküche, wo einem die Wäscherin einen Tropfen Branntwein auf schwarzes Brot zu eßen gab, auch waren Hühner auf dem Hof.

Wenn man die Treppe hinaufkam ging es links neben der Bodentreppe vorbei in die Wohnstube, wo die Mutter war. Dem Vater seine Stube muß entweder rechts oder hinter der Wohnstube gewesen seyn, ich glaube rechts und weiß nichts von ihrem Innern. Die Kinderstube war hinten auf den Hof, ich habe oft am Fenster gestanden und einen Apfelbaum gesehen, deßen Äste über die Hofmauer aus dem Nachbarsgarten ragten. In der Wohnstube war glaube ich eine grüne Tapete, einen Tisch mit schwarzem rothfleckigem Wachstuch besinne ich mir genau, woran des Abends geseßen wurde.«

An welche Ereignisse aus Hanauer Kindertagen erinnert sich Jacob Grimm? Vor allem an diese:

»Am Ofen wurde ich angezogen von der Mutter und gewaschen, oft mit warmem Waßer und Wein, welches süßlich roch. Das ärgerlichste war, wenn es an die Ohren kam, weil es immer weh that. Auch genau weiß ich, daß ich wund war und mit feinem Wurmmehl bestreut wurde aus einem Glas, worüber ein Papier mit Stecknadellöchern, welches allemal kühlte und gut that. Bei dem Nägelbeschneiden hatte ich immer eine Art Grauen und litt es nicht gern. Das Kämmen und Lausen litt ich schon lieber, ich legte mich mit dem Gesicht an den Leib der Mutter, und es that immer wohl, wenn eine Laus knickte.

Die Kinderamme hieß Gretchen, ich kann mir sie nicht genau vorstellen, ausser daß sie rothe Backen hatte und mich einmal heimlich mit auf die Bodentreppe nahm und mir Käs und Brot gab, was verboten war, auch erzählte sie wohl mancherlei.

Ich weiß genau, daß ich an Lutschen gesuckelt und mit verschiedenem kleinen Küchengefäß gespielt habe; ferner wie die Lutschen gemacht wurden, aus gestoßenem braunem Zucker und Brot in einen Lappen gethan.

Genau, daß ich an der Hausthüre unten an der Mauer ein Grasgärtchen baute, aber die Eltern litten das nicht gern. Spielkameraden weiß ich mir keine zu besinnen, wir lebten sehr eingehalten. Es steht mir nicht lebendig vor, daß ich Schläge bekommen hätte, aber eine Ruthe war hinter dem Spiegel.«

Hinreißend Jacob Grimms Schilderung der »Tante Schlemmern«, an der er damals, wie er schreibt, beinahe mehr hing als an den Eltern:

»Die Tante hatte mich sehr lieb und lehrte mich lesen und Religion. Ich saß oben auf dem Fenstertritt am Tisch und weiß noch, wie das ABC angefangen wurde. Das Buch ist lange aufgehoben worden und entweder mein oder des Wilhelms Exemplar noch jetzt vorhanden. Die Deckel waren von Holz mit gemahlten Bildern, auf der einen Seite ein Fähnrich in roth, auf der anderen Kinder, die Seifenblasen bliesen, und solche allegorischen Vorstellungen. Die Tante hatte sich aus einer alten Vogte einen elfenbeinenen Deuter gemacht, der nach der Lection zum Zeichen ins Buch gelegt wurde. Meistentheils aber nahm sie eine Stecknadel, um feiner zu deuten, zur Hülfe, woher es kam, daß alle Buchstaben mehr oder weniger zuletzt zerstochen wurden. Einige Buchstaben lernte ich eher und leichter, wie n m, andere schwerer, z. B. den Unterschied zwischen q und p. Die großen Buchstaben waren verwickelter und schwerer.

Dann wurde bald der kleine Catechismus vom Urgroßvater angeschafft und gelernt. Einmal habe ich auch auf einem Stuhl gestanden und gepredigt, denn ich sollte ein Pfarrer werden, wie der Großvater in Steinau. Und einmal war ich auch im Theater und sah buntgekleidete Damen auf der Bühne stehen.«

Zwanzigtausendmal pro Tag: die Brüder Grimm im Hanauer Poststempel

An welche »Besitztümer« im Hanauer Elternhaus erinnert sich Jacob Grimm?

»Von meinen Kleidungsstücken weiß ich nichts genaues, von Christtagsgeschenken und Spielsachen nichts deutliches, doch war eine kleine Puppenküche und bleierne Soldaten in Schachteln da, die schönsten weiß mit roth, die schlechtern blau. Das Aus- und Einpacken steht mir am lebendigsten vor. Bunte Papierbogen mit goldnen Thieren waren eine meiner größten Freuden, eines mit violettem Grund erinnere ich mir am hellsten und von den Thieren die darauf waren, am meisten des Einhorns. Die Thiere wurden hernach ausgeschnitten.«

Menschlich, allzu menschlich – so klingen Jacob Grimms »Besinnungen« aus der Hanauer Zeit aus:

»Kurz vor unserer Abreise nach Steinau und zwar im Winter muß es gewesen seyn, daß wir einmal in die öffentliche Schule gehen sollten, der Weg ging über den Neustädter Markt nach der französischen Kirche zu, und es lag Schnee, es war zum Schreiben und zum Französisch, und ich weiß, daß in der Stube viel Schüler saßen, einer hatte gelbe Dinte, wonach ich große Begierde trug und wovon er mir eine Feder voll erlaubte. Auf dem Heimweg hatte ich einmal Sorge, richtig nach Hause zu kommen, um meine Nothdurft zu verrichten, es geschah aber glücklich, und des Sitzens auf dem erleichternden Topf erinnere ich mich noch mit Behagen . . .«

So weit Jacob Grimms »Besinnungen aus meinem Leben«, insofern sie die Hanauer Zeit, also die frühesten Kindheitsjahre betreffen – ein vortreffliches Dokument, das Ilse Werder für ihren Ausstellungskatalog im eigens beschafften Original herangezogen hat. Es mag mit dazu beigetragen haben, daß sie heute, auf ihre eigene Beziehung zu den Brüdern Grimm angesprochen, von sich sagen kann: »Ich verdanke ihnen vor allem ein besseres Verständnis meiner Umwelt – der Landschaft, in der ich lebe, und der Menschen in dieser Landschaft.«

Ilse Werder, die engagierte Lokalredakteurin, ist eine Frau mit vielen Interessen. Verbraucherberatung und Baumphotographie zählen ebenso dazu wie Frauenthemen oder die Erforschung des Hanauerlandes im Elsaß. Daß ihr dabei selbst in den unerwartetsten Zusammenhängen die Brüder Grimm begegnen, wundert sie schon lange nicht mehr. Ein Beispiel: Als passionierte Pilzsammlerin hat sie im Lauf der Jahre auch ein stattliches mykologisches Spezialarchiv zusammengetragen. Prunkstück der Sammlung: der Aufsatz eines Fachmannes über jenes von den Brüdern Grimm ins Deutsche übersetzte irische Volksmärchen, in dem ein Gasthausbesucher von unheimlichen Lichtzeichen berichtet, die ihn auf dem nächtlichen Heimweg zu erschrecken pflegen: Geister und Elfen, die in der Finsternis ihr Unwesen treiben. Unser Mykologe, von keinem noch so magischen Märchenzauber in seinem Forscherdrang zu bremsen, hat des Rätsels Lösung gefunden: Was dem nächtlichen Wandersmann wie die geheimen Signale von Geistern und Elfen vorkommt, ist nichts anderes als das Leuchten phosphoreszierender Pilze.

Weihrauchmuffel haben in Hanau einen schweren Stand. Wie man es auch anpackt – jegliche Grimm-Spurensuche endet vor dem Brüder-Grimm-Denkmal. Endet oder beginnt, führt drauf zu oder dran vorbei. Es ist Kopf und Fuß und Nabel in einem, und seine Lage innerhalb des Stadtganzen ist derart beherrschend, derart zentral, daß ihm auch der gewiegteste Seitengassenakrobat unmöglich entkommt. Er mag so kühne Haken schlagen, wie er will: Unversehens steht auch er dem bronzenen Koloß gegenüber. Ich verstehe nichts von magnetischen und von Zentrifugalkräften, aber etwas in dieser Art (und in ungeheurer Stärke) muß hier wohl am Wirken sein.
Das Hanauer Grimm-Denkmal ist nicht nur das Hanauer Grimm-Denkmal, sondern es ist zugleich der Ausgangspunkt der Deutschen Märchenstraße, es ist der Schutzpatron des Hanauer Wochenmarktes, es ist der bevorzugte Treffpunkt der Hanauer Jugend, es figuriert in sämtlichen Reiseführern – noch vorm Goldschmiedehaus und Schloß Philippsruhe – als Hauptsehenswürdigkeit der Stadt, ist in allen Prospekten deutlich größer abgebildet als diese, und es hat seinerzeit selbstverständlich auch die Banknoten des im Ersten Weltkrieg ausgegebenen Hanauer Notgeldes geziert. Sogar als Blechminiatur fürs Re-

vers hat es schon herhalten müssen, als Emblem für Wimpel und Vasen, für Aschenbecher und Wandteller, und es mag bezeichnend sein, daß der freundlich-beflissene Cicerone, der mir für meinen ersten Rundgang durch die Stadt von Amts wegen zugeteilt worden ist, zu unserem vereinbarten Treff in der Cafeteria des Kaufhofs ein Archivexemplar der Festschrift mitbringt, die aus Anlaß der Enthüllung des Grimm-Denkmals erschienen ist. In Grimmscher Kleinschreibung übrigens – was tut man nicht alles, um seinen Idolen nur ja stilgerecht zu huldigen!

Dieser 18. Oktober 1896 ist für die Hanauer immer noch das alles überragende Datum, die Zeitenwende, die Stunde Null. Alles, was sich inzwischen ereignet hat, fällt kläglich dagegen ab oder ist überhaupt in der Verlustzone anzusiedeln: etwa die amerikanischen Bombenangriffe, die im März 1945 sowohl das Grimm-Geburtshaus am Paradeplatz wie das spätere Wohnhaus in der Langegasse zerstört haben. An das eine erinnert ein Gedenkstein mit beschrifteter Plakette (»Schräg gegenüber dieser Stelle stand bis zur Zerstörung im Jahr 1945 das Geburtshaus der Sprachforscher und Märchensammler Jacob und Wilhelm Grimm sowie des Malers Ludwig Emil Grimm«), an das andere, heute ein besonders gesichtsloser Neubau hinterm Rathaus, nur noch die Anekdote von jenen späteren Hausbewohnern, die – in der Irrmeinung, es handele sich um dessen Geburtsstätte – den greisen Jacob Grimm in Berlin um briefliche Bestätigung ersuchten. Die Enttäuschung, die er seinen Landsleuten bereiten mußte, dürfte dadurch aufgewogen worden sein, daß der große Mann ihnen immerhin höchstpersönlich Rede und Antwort gestanden hat.

Unversehrt hingegen, ja geradezu vorbildlich restauriert ein Baudenkmal, das tief in die Ahnengeschichte der Grimms zurückweist: die Marienkirche, in der Urgroßvater Friedrich als erster Prediger und Inspektor der hochdeutsch reformierten Kirche gewirkt hat.

Das 19. Jahrhundert, zumal gegen Ende, war das Jahrhundert der Denkmäler. Heute, nach leidvoller Erfahrung mit so manchem Vielgeehrten, hält man zu den öffentlich zur Schau

gestellten Bronzegiganten eher Distanz, und manchem jüngeren Zeitgenossen sind sie höchstens noch ein paar Schmähparo-
len aus der Sprühdose wert. Die Brüder Grimm auf dem
Hanauer Marktplatz haben es da besser. Nicht, weil sie – was
immer dies heißen mag – den Rang eines »Nationaldenkmals«
innehaben. Auch nicht, weil sie – neben den Duos Goethe/
Schiller in Weimar und Luther/Melanchthon in Leipzig – der
raren Spezies der Doppelstatuen angehören. Sondern weil ihre
Integrität unbestritten und ihre Popularität ungebrochen ist.
Brüder Grimm – da braucht keiner erst im Lexikon nachzu-
schlagen. Da weiß jeder auf Anhieb, woran er ist. Es war daher
richtig, daß man bei der Wiederherstellung des Denkmals im
Jahr 1945 die seinerzeitige gußeiserne Einfriedung beseitigt,
den Respektabstand eliminiert hat: Jacob und Wilhelm Grimm
sind ihren Hanauern nun noch näher: Prominenz zum Anfas-
sen. »Sollten demnächst die Hanauer Schulkinder«, liest man
im Katalog der Hanauer Grimm-Ausstellung des Jahres 1978,
»wieder auf dem Denkmal am Marktplatz herumklettern und
den Jacob und den Wilhelm mal auf echt hanauerisch ›anstum-
pe‹ und ihnen zurufen ›hey – ihr beiden Typen da oben, ihr seid
ja werklisch einsame Spitze‹, dann blinzelt der Wilhelm vielleicht zurück, und dem Jacob könnte es verdächtig um die
Mundwinkel zucken.«
Ein allzu kühner Wunschtraum des Hanauer Kulturvereins?
Immerhin – der altüberlieferte Scherz vom nächtlichen »Platz-
wechsel« ist nach wie vor in Gebrauch, und nach wie vor fallen
die Hanauer Knirpse, von ihresgleichen zum Narren gehalten,
reihenweise darauf herein: daß Jacob und Wilhelm regelmäßig
Schlag Mitternacht die Rollen tauschten und der sitzende
Wilhelm dem stehenden Jacob seinen Sessel überlasse. Wo er
doch sowieso der jüngere von beiden ist (aber freilich auch der
kränklichere, wodurch letztlich alles wieder seinen tieferen
Sinn, alles wieder seine gerechte Ordnung erhält).

Markttag. Jacob und Wilhelm Grimm sind von Händlern
umlagert, Hausfrauen stellen auf dem Sockel des Denkmals
ihre Einkaufskörbe ab. Jacobs Blick fällt auf Orangenkisten mit

dem Aufdruck »Ortaggi di Sicilia« und auf malerische Grabge-
stecke. Der Händler, der zu Füßen der Brüder seine Azaleen
und Weihnachtssterne feilbietet, kommt sogar während dieser
paar Stunden seinen denkmalschützerischen Pflichten nach und
stellt inmitten seiner Waren und gut sichtbar die beiden
Hinweispfeile auf, die – in Deutsch und in Englisch – den
Standort der ins Marktplatzpflaster eingelassenen Grimm-
Gedenktafel anzeigen. Das ist die Bedingung, unter der ihn die
magistratischen Organe an diesem besonderen Ort seine Geschäfte abwickeln lassen, und ich darf mich in Mutmaßungen
darüber ergehen, ob er wohl im Unterlassungsfall seine Kon-
zession riskiert, mit einer saftigen Verwaltungsstrafe zu rechnen
hat oder mit einer bloßen Verwarnung davonkommt.

Ich tippe auf unnachsichtige Strenge: In Sachen Grimm-
Denkmal verstehen die Hanauer keinen Spaß. Das geht zurück
bis auf jene Tage im ausgehenden 19. Jahrhundert, da sie vom
»Komitee zur Errichtung eines Nationaldenkmals für die Brüder
Jacob und Wilhelm Grimm in ihrer Vaterstadt Hanau« recht
massiv um Spenden fürs gemeinsame Werk angegangen wurden:

»Ruf ergeht vom Komitee:
Öffnet euer Portemonnaie!«

Kein Stand, keine Berufsgruppe, keine Altersschicht, die in
dem wohlgereimten Appell des Gymnasialoberlehrers Dr.
Suchier nicht angebettelt worden wäre – vom Auswanderer,
der's in Amerika zum Millionär gebracht hat, bis hinunter zum
notorisch taschengeldknappen Schulbuben:

Aber Einigkeit macht stark,
Nickel sammelt sich zur Mark,
und die große Schülerzahl
bringt zustand' ein Kapital.

Und damit das junge Volk entsprechend motiviert war, ließ es
der Herr Dr. Suchier auch nicht an einer zünftigen Begründung
fehlen:

Legt man doch mit Recht Gewicht
auf den deutschen Unterricht.
Daß die Regel da nicht schwankt,
wird den Brüdern Grimm verdankt.

Streitbare »Witwe«: Ilse Werder kämpft gegen äußerlichen Grimm-Kult in der Grimm-Geburtsstadt Hanau

Besondere Hoffnungen aber setzte man natürlich in die wohl-
habenden Bürger der Stadt:
Mancher lebt in Saus und Braus,
gibt mit vollen Händen aus,
kauft, was teuer ist und fein,
kehrt im ersten Rang nur ein,
gibt Diners, liebt Sport und Spiel,
weiß von Sorg' und Not nicht viel.
Würden wir von ihm bedacht,
hätt' er sich verdient gemacht.
Die Rechnung ging auf: Von den über 92 000 Mark, die an
Spenden fürs Brüder-Grimm-Denkmal aus aller Welt eingin-
gen, entfiel fast ein Drittel auf die Hanauer Bevölkerung, wobei
unter den einzelnen Positionen nicht nur direkte Spenden oder
»Hauskollekten« zu finden waren, sondern etwa auch »Ertrag
der musikalisch-theatralischen Abendunterhaltung der Schülerinnen der Höheren Töchterschule«, »Erlös aus Dr. Duncker's
Vortrag über die Brüder Grimm« oder »Ertrag des von
Fräulein Hartmann gegebenen Konzertes«.

Am fleißigsten waren die Schüler der höheren Lehranstalten:
etwa die Primaner des Gymnasiums, die eine eigene Benefiz-
aufführung von »König Ödipus« auf die Beine stellten. Aber
war die Hanauer Schuljugend in Sachen Dichterkult nicht
sowieso besonders geübt – und keineswegs nur auf eigenem,
sondern sogar auch auf fremdem Boden? Es ist an dieser Stelle
an eine bis heute ungebrochene Tradition zu erinnern, die
Hanau mit Schillers Geburtsort Marbach verbindet: Als es
1858 darum ging, das Geburtshaus des Dichters in der Niklas-
torstraße zu Marbach vor fremdem Zugriff zu retten, war es die
Hohe Landesschule Hanau, die mit über einem Drittel der
Kaufsumme das meiste Geld zustande brachte. Seit damals reist
Jahr für Jahr am 10. November, dem Geburtstag des Dichters,
eine Schülerabordnung nach Schwaben, die Schillerbüste zu
bekränzen: der beste Lateinschüler des Jahrgangs, den ihm
zuerkannten Lorbeer solcherart weiterreichend. Mag man auch
über solch antiquiertes Zeremoniell heute lächeln: ein hübscher
Schulausflug ist's allemal.

Noch zu Lebzeiten der zu Ehrenden, nämlich bereits 1853, hatte es einen ersten Plan gegeben, den beiden großen Söhnen der Stadt etwas Steinernes oder Erzenes hinzustellen, und der Hanauer Bürger und Mäzen Pedro Jung machte mit einer Spende von 500 Gulden den Anfang. Wirklich Gestalt nahm das Projekt jedoch erst 1884 an. Diesmal war es der auch als Archäologe und Limes-Forscher bekannte Hanauer Gymnasiallehrer Dr. Georg Wolff, der die Männer vom Hanauer Geschichtsverein und von der Wetterauischen Gesellschaft (und in weiterer Folge die Bürgerschaft der Stadt) für die Idee eines Denkmalbaus zu begeistern wußte. Zwei Umstände begünstigten das Unternehmen besonders: einmal die mit großer Erleichterung aufgenommene Nachricht, daß das konkurrierende Kassel »nur die Aufstellung einer Doppelbüste in der städtischen Bibliothek anstrebe«, und zweitens das Pro-Hanau-Votum des um seine Meinung befragten Wilhelm-Grimm-Sohnes Herman. »Soll Jacob und Wilhelm Grimm ein Denkmal errichtet werden«, schrieb der Geheimrat Prof. Dr. Herman Grimm an den Vorsitzenden des Hanauer Grimm-Komitees, »so scheint mir, daß Hanau der natürliche Boden sei, auf dem es sich erheben muß. Immer, wo es sich um Standbilder verdienter Männer gehandelt hat, ist der Geburtsort als die Stätte angesehen worden, die das erste Anrecht habe. Goethe hat zuerst in Frankfurt, Winckelmann in Stendal, Cornelius in Düsseldorf seine Statue erhalten . . . In den fünfziger Jahren, als mein Vater schon alt war, ist er einmal mit mir besonders nach Hanau gefahren, nur um sein Geburtshaus noch einmal zu sehen und noch einmal durch die Straßen zu fahren, deren er sich noch wohl erinnerte. Wenn den Brüdern jetzt nun in Hanau ein Denkmal errichtet werden soll und nach meiner und meiner Geschwister Meinung gefragt wird, so erklären wir uns mit dem Gedanken, der uns tief bewegt, in jeder Weise einverstanden. Ich drücke Ihnen und den Männern, die für die Sache eintreten, im Geiste herzlich die Hand.«

Schon zur Feier von Wilhelm Grimms 100. Geburtstag am 24. Februar 1886 waren über 58 000 Mark an Spenden zusammengekommen. Darüber hinaus durfte man mit einem

»namhaften Zuschuß des Ministeriums der geistlichen, Unterrichts- und Medizinalangelegenheiten in Berlin« rechnen. Zwei Jahre später war es soweit: Der Wettbewerb für den besten Denkmalsentwurf konnte ausgeschrieben werden – insgesamt elf Bildhauer, darunter auch Karl Hassenpflug, einer der Neffen der Brüder Grimm, wurden zur Teilnahme eingeladen. Bedingung: »Das Denkmal, welches seinen Platz auf dem Neustädter Marktplatz finden wird, soll die bronzenen Bildnisfiguren der Brüder Grimm *in Beziehung zueinander* enthalten.« Der erste Preis wurde Professor Max Wiese aus Hanau, der zweite Professor Gustav Eberlein aus Berlin, der dritte Professor Syrius Eberle aus München zuerkannt, und dieser dritte, nicht der erste, war es dann, der nach vielerlei Hin und Her die Order zur tatsächlichen Ausführung erhielt. Die Hanauer Bevölkerung hatte es an Verspottung der Entwürfe nicht fehlen lassen; ihre Interpretationen reichten von »Die Brüder kommen von der Börse, und Jacob fragt Wilhelm, zu welchem Kurs er notiert« bis zu »Jacob fragt den kränklichen Wilhelm, ob er gut geschlafen hat und wie der Puls geht«.

Wen es reizt, solche Spekulationen fortzusetzen, der kann dieser Lust auch heute noch frönen – er braucht sich dann nur in Schloß Philippsruhe nach jener Abstellkammer durchzufragen, in der die Modelle der drei prämiierten Entwürfe dahinschlummern. Bei dieser Gelegenheit kann er auch gleich die wenigen Grimm-Memorabilia besichtigen, die das im Schloß untergebrachte Städtische Museum hütet: das Original des berühmten Doppelporträts von Jacob und Wilhelm, das der Malerbruder Ludwig Emil in Bleistift angefertigt hat und das bis heute in immer neuen Variationen – etwa auch als Bestandteil der für besondere Verdienste verliehenen Ehrenplakette der Stadt Hanau – Verwendung findet, desgleichen Ludwig Emil Grimms Radierung »Den guten und bösen Kindern zur Erinnerung« oder seine rührend-glücklosen Versuche, das Märchenwerk der Brüder zu illustrieren samt Wilhelms an den Blattrand gekritzelten kritischen Kommentaren: »Dieses Bild ist nicht bedeutend genug« oder »Müßte märchenhafter sein«.

Ende 1812 bringt der Berliner Verleger Georg Andreas

Reimer die erste Auflage der Kinder- und Hausmärchen auf den Markt. Auflage: tausend Stück. Unter den Empfängern der ersten Exemplare ist auch Bettina von Arnim; im Dankbrief ihres Gemahls Achim von Arnim stehen neben so lobenden Worten wie »Es ist ein recht braves Buch, das sicher lange gekauft wird« auch die einschränkenden »Der Mangel an Kupfern und die umgebende Gelehrsamkeit schließen es jetzt eigentlich vom Kreis der Kinderbücher aus und hindern die allgemeinere Verbreitung.« Tatsächlich kann man bei Karl Dielmann, dem früheren Hanauer Kulturamtsleiter, nachlesen, daß der Absatz der Erstauflage äußerst schleppend voranging: Von den 1000 Exemplaren des zweiten Bandes waren nach sechs Jahren noch immer 350 unverkauft. Man entschloß sich daher 1824, fünfzig ausgesuchte Märchen als »Kleine Ausgabe« herauszubringen und mit einem Titelkupfer und sechs Radierungen von Ludwig Emil Grimms Hand zu illustrieren. Die früheste dieser Arbeiten, eine mit feiner Feder ausgeführte und zart aquarellierte Vorstudie zu dem Märchen »Brüderchen und Schwesterchen«, gehört heute zu den Kostbarkeiten des Hanauer Museums, desgleichen seine Bleistiftzeichnung von der Viehmännin, auf der die bekannte Radierung der Niederzwehrener Märchenfrau basiert, sowie etliches andere mehr. Denn natürlich hat dies alles, obwohl eher verkrampftes Beiwerk des nur im Zeichnen nach der *Natur* wirklich Meisterlichen, aus heutiger, aus historischer Sicht hohen Reiz (und hohen Wert).

Der kleine Saal im Museumstrakt von Schloß Philippsruhe, in dem diese Blätter – nebst Kasperltheater und Puppenstube – untergebracht sind, trägt übrigens noch aus einem zweiten Grund den Namen »Märchenzimmer«: Dies ist der Ort, wo der betagte Hanauer Märchenerzähler Heinrich Schraidt die Hanauer Knirpse um sich schart, ihnen bei Kerzenlicht und Spieldosenklängen von den Brüdern Grimm erzählt und sie mit Zeichenblock und Wachsfarbenstift das Gehörte in Bilder ihrer Phantasie umsetzen läßt: Grimms Märchen als Malkurs für Vorschuljahrgänge.

Früher Nachmittag, ich kehre von Schloß Philippsruhe zurück ins Stadtzentrum. Der Markt ist vorüber, der Marktplatz wie leergefegt, die Dominanz der Brüder Grimm wiederhergestellt. So sehr beherrschen sie ihr Hanau, so selbstverständlich und so gelassen, daß man Mühe hat, sie sich im Zustand der Versehrtheit vorzustellen. Und doch: Zweimal in ihrer (Denkmals-) Geschichte waren sie vorübergehend aus dem Schritt geraten. Gegen Ende des Zweiten Weltkriegs, als sie einiges an Einschüssen und Bombensplittern abbekamen. Und vor einigen Jahren, als der Bau einer Tiefgarage und die damit verbundene Unterkellerung des Marktplatzes eine geringfügige Versetzung geraten erscheinen ließ. Beides ist behoben, der Urzustand ist wiederhergestellt, dem Zustrom der Grimm-Pilger aus aller Welt steht nichts im Wege.

Im Gegenteil: An allen Ecken und Enden der Stadt erfahren sie öffentlich sichtbare Bestätigung dafür, daß sie sich am rechten Ort befinden. Wenn Sie sich ein Pülverchen mischen lassen wollen, können Sie dies in der *Brüder-Grimm-Apotheke* tun, in der *Brüder-Grimm-Kindertagesstätte* nimmt man Ihnen für ein paar Stunden Ihren quengelnden Anhang ab, die *Brüder-Grimm-Straße* empfiehlt sich fürs obligate Erinnerungsphoto, und im *Brüder-Grimm-Hotel* können Sie sich im Namen der deutschen Grammatik aufs Ohr legen.

Man weiß, wie sich's im allgemeinen mit solchen Taufakten verhält: Die betreffenden Etablissements sind im Grunde nur an dem klangvollen Namen interessiert, keine Spur von wirklicher Beziehung, kaum ein Minimum an Basisinformation. Ich beziehe also widerstrebend mein Zimmer im Brüder-Grimm-Hotel und – bin angenehm überrascht. Gewiß, es sind Äußerlichkeiten, die mich so angenehm überraschen, aber ist ein Hotel denn eine Fachhochschule oder ein Exerzitienheim?

Das Doppelporträt der Brüder Grimm im Prägedruck – man kann einem, der die erlesensten Hotelbriefpapiere von fünf Kontinenten kennt, glauben: Dies ist eines der schönsten Hotelbriefpapiere der Welt. Und es ist zumindest sehr aufmerksam, dem Gast aus fremdem Land, der sich nach den »Taufpaten« des Hauses erkundigt, auch mit einem kurzgefaßten

Quizspiel vor Schloß Philippsruhe: Welcher der drei prämierten Denkmalsent-
würfe wurde ausgeführt? (Städtische Museen Hanau)

Informationspapier aufzuwarten: Fragen Sie an der Rezeption danach. Ein Brüder-Grimm-Schnellsiedekurs für Hotelgäste: die wichtigsten Lebensdaten, ein rascher Überblick übers Werk, die einschlägigen Sehenswürdigkeiten und natürlich ein eigener Passus übers Denkmal, »das wie durch ein Wunder dem Bombenhagel des 19. März 1945 standgehalten hat«.

Gewiß kann man die (dem »Traumschiff« MS Astor abgeschaute) Schmückung der Zimmer mit Bildern von den »German fairy tales« albern und die Verwendung populärer Märchentitel wie »Bruder Lustig« oder »Hans im Glück« für die Benennung von Hoteletagen kindisch finden, aber ist das Alpenglühen überm Bett, das mich in anderen Herbergen erwartet, so viel stilvoller? Ich jedenfalls kann daran nichts auszusetzen finden, und der japanische Hotelgast, der sein bißchen deutsche Literaturgeschichte durcheinanderbringt und die Hotelchefin für die »Schwestel« der »Blüdel Glimm« hält, sollte uns nicht zu geringschätzigem Gelächter verleiten, sondern eher zu eigener Gewissenserforschung, wie es denn um unser Wissen von No und Haiku steht. Ich riskiere jede Wette: Es ist ein Vergleich, bei dem wir schlecht abschneiden. Wenn wir uns also schon im Namen der deutschen Kultur um Ferntouristen reißen (und bei einer Tagung von Touristikfachleuten in Hanau wurde sogar dazu aufgerufen, auch die »Stationierungsstreitkräfte« in die einschlägige Werbung einzubeziehen), dann tunlichst ohne die Arroganz des Besserwissers.

Das Brüder-Grimm-Hotel ist während der kurzen Zeit, die ich in Hanau zubringe, voll belegt. Das hat natürlich in erster Linie mit den hier ansässigen Industrien zu tun: Ingenieure, Kaufleute, Vertreter. Aber nicht nur. Ich bin keineswegs der einzige, der im Namen der Brüder Grimm angereist ist. Der kräftige, untersetzte Mann von Anfang Vierzig, offenes Hemd und langes Haar, Zigarette in der Hand und Bücher unterm Arm, der auf derselben Etage wohnt wie ich, unverkennbares Leipzigerisch spricht und in der Hotelregistratur als DDR-Bürger geführt wird, ist der erste Brüder-Grimm-Preisträger der Stadt Hanau: Wolfgang Hilbig. Heute abend wird ihm im Schloß

Philippsruhe der Oberbürgermeister das Dekret und den Zehntausend-Mark-Scheck aushändigen – ich finde es eine glückliche Fügung, daß die Preisverleihungszeremonie mit meinem Recherchieraufenthalt in Hanau zusammenfällt.

Noch weiteres fällt an diesem November-Wochenende 1983 zusammen: Am gleichen Tag vor 146 Jahren hatten Jacob und Wilhelm Grimm den Protest der Göttinger Sieben gegen den vom König von Hannover begangenen Verfassungsbruch mitunterzeichnet, und die demonstrative Verquickung der Brüder-Grimm-Preisverleihung mit ebendiesem so mutigen wie folgenreichen Widerstandsakt soll, so heißt es, den Heimatbehörden des Preisträgers den Entschluß erleichtert haben, diesem die Ausreiseerlaubnis zu erteilen. Ja – so kompliziert geht's zwischen den beiden deutschen Staaten zu.

Die Feier als solche folgt dem dafür vorgeprägten Muster: lorbeergeschmückter Festsaal, schwarzgewandete Honoratioren, Oberbürgermeister mit Amtskette, Zwischenmusiken, allgemeine Ergriffenheit. Ist ihr zu trauen – angesichts eines Preisträgers, der ihnen allen, ausgenommen die Jurymitglieder und der mit seinem Werk liebevoll vertraute Laudator, reichlich fremd anmuten muß, der alle Mühe hat, seine Beziehung zu den Brüdern Grimm zu formulieren, und der ehrlich genug ist, ihnen keine eilends zurechtgezimmerte Hanau-Verbundenheit vorzugaukeln?

Ich habe meine Zweifel – mag der Sprecher der Jury, die sich für Wolfgang Hilbig als einen der wenigen Arbeiterdichter deutscher Sprache entschieden hat, der das Lebensgefühl seiner Generation auf hohem poetischem Niveau formuliere, noch so ausdrücklich für die Freiheit danken, die man ihr, der Jury, dabei gelassen hat; mag der Geehrte selber das »Grenzüberschreitende« an der Preisvergabe noch so freudig als Versuch rühmen, »Normalität zu verwirklichen«; und mag der Oberbürgermeister aus alledem noch so beflissen die Pflicht ableiten, »uns intensiver der Brüder Grimm zu erinnern«: Was bei solcher Gelegenheit einzig zählen kann, ist die Überzeugungskraft des Preisträgers selbst, und an der ist – nach Gedichten wie dem folgenden – nicht zu zweifeln:

ihr habt mir ein haus gebaut
laßt mich ein andres anfangen.

ihr habt mir sessel aufgestellt
setzt puppen in eure sessel.

ihr habt mir geld aufgespart
lieber stehle ich.

ihr habt mir einen weg gebahnt
ich schlag mich durchs gestrüpp seitlich des wegs.

sagtet ihr man soll allein gehn
würd ich gehn mit euch.

Das Hauptquartier
(Kassel)

Zum Freundeskreis der Brüder Grimm während ihrer drei
Jahrzehnte in Kassel zählten unter anderem die beiden Töchter
des dortigen französisch-reformierten Pfarrers Charles François
Ramus. Es müssen aufgeweckte und belesene junge Damen
gewesen sein, sonst hätte der strenge Jacob Grimm sie wohl
kaum in jene fünfundzwanzigköpfige »Lesegesellschaft« aufgenommen, die zwischen 1811 und 1813 sich jeden Freitagabend
zu unterhaltlichem Gedankenaustausch traf. Einer von ihnen,
Charlotte Ramus, schrieb Jacob Grimm am 5. Dezember 1817
den folgenden Bittbrief:
    Wertgeschätzte Freundin,
    da es mir die Mäuse tagtäglich ärger machen und sogar
Bücher fressen, die ich erst noch rezensieren soll, so bin ich
willens, eine Katze in Dienst zu nehmen. Könnten Sie mir nicht
eine wohlerzogene und hoffnungsvolle verschaffen? Dieselbe
hat zeitlebens Brot und Milch bei mir und wird anständig
behandelt. Ich bin und bleibe
    Ihr ergebenster Freund Jacob Grimm.
    Wir wissen nicht, wie die Sache ausgegangen ist: ob also die
Mäuse weiterhin Jacob Grimms Bücher aufgefressen oder die
gute Charlotte Ramus durch Beschaffung einer Katze für
Abhilfe gesorgt hat, und auch die Zeichnungen, die Bruder
Ludwig Emil in jenen Tagen von Jacobs Arbeitszimmer angefertigt hat, verweigern in diesem Punkt jede Auskunft: sie
zeigen den Zweiunddreißigjährigen mit Lehnstuhl und Schreibtisch – einmal aufrecht einen Druckbogen prüfend, einmal
vornüber gebeugt ins eigene Schreiben vertieft. Nirgends die
Spur einer Katze und schon gar nicht die einer Maus. Bücher-
türme auf Tisch und Ablage, an einer der Seitenwände ein paar
kleinere Porträts, hinterm Fenster die Zweigspitzen eines
Baumes – es ist die sehr schöne Wohnung im Obergeschoß des
Wächterhauses beim Wilhelmshöher Tor, die ihnen zwischen
1814 und 1822 zur Verfügung steht. Jacob preist »die Wohltat«

des »halbländlichen« Quartiers am damaligen Kasseler Stadt-
rand, und Wilhelm nennt deren Vorzüge im einzelnen: »Es ist
still und ländlich mit einer freien, in der Abendsonne prächti-
gen Aussicht.« Jacob und Wilhelm haben ihre Zimmer zur
Wilhelmshöher Seite hinaus, Ludwig Emil und Lotte wohnen
frontseitig: »Es stehen Säulen davor und ist der Wach grad
gegenüber.«

Es ist die einzige unter den insgesamt sechs Kasseler Wohn-
adressen der Brüder Grimm, die man noch heute in Augenschein nehmen kann: Im nördlichen der beiden Wächterhäuser
am Fuß der Wilhelmshöher Allee ist der Hessische Verwaltungsgerichtshof untergebracht. In seinem Sitzungssaal werden
Streitsachen zwischen Bürgern und Kommunen (oder auch
solche der öffentlichen Hand untereinander) verhandelt; wo
einst Deutsche Grammatik und Deutsche Sagen, der »Arme
Heinrich« und die »Edda«, Spanische Romanzen und »Alt-
deutsche Wälder« erforscht wurden, geht es nun um Abwasser-
beseitigung, um Asylbewerber oder um die Startbahn West.
Eine Plakette am Portal erinnert an die berühmten Insassen
von einst, die heutige Adresse lautet Brüder-Grimm-Platz 1 –
man wird also annehmen dürfen, daß die Kasseler Katasterbe-
amten um der Nostalgie willen ein bißchen nachgeholfen
haben.

Es ist wenig genug. Befänden wir uns in England, wo nicht
nur der Sinn für Traditionspflege, sondern auch der Sinn für
Humor höher entwickelt ist als hierzulande, wäre es durchaus
denkbar, daß man dem um den Fortbestand von Jacob Grimms
Bibliothek und somit um die deutsche Literatur verdienten
Katzentier seine Reverenz erwiese, indem man einen Artgenos-
sen als Quasi-Nachfolger in den Stellenplan des Gerichtshofs
aufnähme und nach allen Regeln der Kunst verwöhnte. Ver-
gleichbare Beispiele sind in ausreichender Zahl bekannt – man
braucht gar nicht erst an die legendären Tower-Raben zu
denken, für die jahraus, jahrein – ungeachtet aller Londoner
Budgetnot – nicht nur das feinste Steakfleisch, sondern sogar
eine Riege eigenen Dienstpersonals zur Verfügung steht. Staat-
lich approbierter Mundschenk für die Jacob-Grimm-Gedächt-

Programm

der Säcularfeier des Geburtstages

von

Wilhelm Grimm

in Hanau den 24. Februar 1886.

I. Um 10 ½ Uhr Vormittags:

Festakt

in der Johanniskirche, unter gefälliger Mitwirkung
des Oratorien-Vereins und seines Dirigenten, des Direktors am
Raff-Conservatorium, Herrn **Max Fleisch** von Frankfurt a. M.

1) Orgelpräludium . . . . E. F. Gäbler.
2) Chor: Ave verum . . . . Mozart.
3) Gedenkrede auf Wilhelm Grimm von Herrn Pfarrer
 Dr. Heuser.
4) Chor mit Terzett aus der „Schöpfung": „Die Himmel
 erzählen die Ehre Gottes". . . . . Haydn.

II. Festzug zum Geburtshause der Brüder Grimm.

Daselbst (12 Uhr):
Ansprache des Herrn Oberbürgermeisters **Rauch.**

III. Um 4 Uhr Nachmittags:

Sitzung des Gesammt-Comités für Errichtung eines Denkmals
für die Brüder Jacob und Wilhelm Grimm, im festlich
geschmückten grossen Rathhaussaale.

Abends wird Herr Director **Frey** im Stadt-Theater das
Jordan'sche Festspiel zur Feier des Tages aufführen lassen.

Bei dem Festakt in der Johanniskirche sind sämmtliche Emporbühnen
für die hiesige Schuljugend reservirt. Der Zutritt in das Schiff der Kirche
findet nur gegen **Eintrittskarten** statt, welche in den hiesigen Hof-Buch-
handlungen der Herren **G. M. Alberti** und **Carl Pracht** (Fr. König) zum Preise
von Mk. 1.— zu Gunsten des Denkmalfonds käuflich zu erhalten sind. Am
Kirchenportal werden keine Karten ausgegeben.

Festakt, Festzug, Festspiel: Hanauer Grimm-Gedenken vor hundert Jahren niskatze – nein, mit Schabernack wie diesem wäre unser Huldigungspotential eindeutig überfordert; der Minister, der dergleichen auf seine *Kappe* nähme, könnte seinen *Hut* nehmen.

Kehren wir also wieder in die Wirklichkeit zurück. Und räumen wir ein, daß sich die ehemalige kurfürstliche Residenzstadt Kassel auch ohne solche Späße ihrer Verpflichtung als Brüder-Grimm-Stadt bewußt ist. Da ist zum Beispiel die Amtskette des Oberbürgermeisters, deren Medaillon mit einem Bildnis von Jacob und Wilhelm Grimm geschmückt ist; da finden sich schon 1897 – also weit früher als überall sonst – Bürger der Stadt zu einer veritablen »Grimm-Gesellschaft« zusammen; da begrüßen den heutigen Ankömmling schon bei der Stadteinfahrt riesige, über die Fahrbahn gespannte Transparente mit weithin sichtbaren Hinweisen auf die Kasseler »Märchenfrau« Dorothea Viehmann; da gibt die »Jacob-Grimm-Schule«, ein seit 1938 dem Andenken des »großen Sohnes der Stadt« gewidmetes Kasseler Gymnasium, zum 100. Todestag ihres Schutzpatrons eine über 200 Seiten starke Festschrift heraus, in der, zum größten Teil von den Schülerinnen selber verfaßt und aus dem normalen Unterrichtsalltag hervorgegangen, das Thema Grimm unter allen erdenklichen Aspekten abgehandelt wird: vom Hauswesen von anno dazumal bis zur Vaterlandsliebe, von den »Frauen um Jacob Grimm« bis zum »Recht auf Faulheit«, vom Zigeunermärchen bis zum englischsprachigen Gedicht »Dortchen in the Summerhouse«; und da verfügt Kassel mit dem ebenso intimen wie reichhaltigen Brüder-Grimm-Museum, der einzigen zur Gänze den Grimms gewidmeten Ausstellungs- und Forschungsstätte auf der Welt, über die Nr. 1 unter den einschlägigen Pilgerzielen, der Jahr für Jahr an die 20 000 Besucher die Ehre geben (davon die Hälfte Ausländer).

Kassel ist der logische Standort des Brüder-Grimm-Museums: Hier haben sie rund dreißig Jahre ihres Lebens zugebracht, von hier stammt ihre Mutter, hier haben sie das Lyzeum besucht, hier haben sie nach den Marburger Universitätsjahren beruflich

Fuß gefaßt, hier hat Wilhelm (Jacob blieb unverheiratet) die Frau fürs Leben gefunden, und hierher sind sie auch (bevor sie schließlich dem Ruf nach Berlin folgten) zurückgekehrt, nachdem sie aus Göttingen vertrieben worden waren. Kassel war also wohl ihre eigentliche Heimat – auch wenn diese Heimat, eine für ihre volle Entfaltung unabdingbare wissenschaftliche Akademie ebenso entbehrend wie einen ihrer Phantasie entsprechenden Musenhof, ihnen eines Tages zu eng wurde und ein indolenter Landesherr sie, in ihrem beruflichen Fortkommen hindernd, ja aufs schwerste brüskierend, allzu willig ziehen ließ.

Eine stattliche Summe an Lebensleistung bleibt's allemal: Hier hat Jacob Grimm als Sekretär beim Kriegskollegium gewirkt, während der napoleonischen Zeit König Jérôme von Westfalen als Privatbibliothekar und Staatsrats-Auditor gedient, nach dem Abzug der Franzosen das Land Hessen (zum Beispiel beim Wiener Kongreß) als Legationssekretär vertreten und schließlich, den diplomatischen Dienst aus eigenem Willen quittierend, sich als zweiter Bibliothekar an der kurfürstlichen Hofbibliothek (in der zwei Jahre vor ihm schon Bruder Wilhelm als Sekretär Unterschlupf gefunden hatte) nützlich gemacht. In der Kasseler Zeit sind die Märchen- und Sagensammlungen entstanden, die »Deutsche Grammatik« und die »Deutschen Rechtsaltertümer«, und auch die Planungsarbeiten fürs »Deutsche Wörterbuch« haben hier ihren Ausgang genommen – im Brüder-Grimm-Museum kann, wer die Anfänge dieses Jahrhundertwerks verfolgen will, die ersten Korrespondenzen einsehen: »Mir schaudert ein wenig, wenn ich an die Vorarbeit gedenke, welche allein wenigstens sechs Jahre hinwegnimmt . . .«

Auch das Leben der übrigen Geschwister ist aufs engste mit Kassel verknüpft: Karl, in Ludwig Deneckes Schilderung »ein etwas schwerfälliger, verschlossener Mensch, der zuerst als Kaufmann gearbeitet, später in Kassel als Privatlehrer der französischen Sprache gelebt und da ein Sonderlingsdasein geführt hat«; Ferdinand, »ein rechtes Sorgenkind, das, von der Schulzeit an nie etwas Rechtes hat werden, sich nie zu etwas hat entschließen können und den älteren Brüdern nachgezogen ist, die ihn ernährt und für ihn gesorgt haben, ohne je darin zu ermüden«; Ludwig Emil, der nach seinen Münchner Lehrjahren an der Kasseler Kunstakademie Professor für Porträtmalerei wurde (und in Kassel begraben liegt); und Lotte, die vor ihrer Verehelichung mit dem nachmals berüchtigten hessischen Staatsminister Ludwig Hassenpflug den Brüdern den Haushalt geführt hat. Der Großzügigkeit einer ihrer Nachfahren, der Urenkelin Nora Hassenpflug, verdankt das Brüder-Grimm-Museum, das zum 175. Geburtstag Jacob Grimms im Januar 1960 der damalige Direktor der Murhardschen Bibliothek, Dr. Ludwig Denecke, eröffnen konnte, einen Teil seiner Bestände.

Die Sammlung, zunächst in einem der Räume der Murhardschen Bibliothek untergebracht, wuchs – teils durch weitere Schenkungen, teils durch Zukäufe – schon bald an Umfang, und 1972 konnte der Umzug ins Palais Bellevue erfolgen, wobei es natürlich ein eigener Reiz ist, daß sich an derselben Straße, nur wenige Hausnummern entfernt, seinerzeit eine der Grimm-Wohnungen befunden hat: Schöne Aussicht Nr. 9. Sie existiert heute ebensowenig wie das bombenzerstörte frühere Quartier in der Kasseler Altstadt: Marktgasse Ecke Wildemannsgasse.

Visite im Brüder-Grimm-Museum. Ich habe einen lebhaften Tag erwischt: Aus dem Obergeschoß dringt Chorgesang – eine Thüringer Landsmannschaft hat zur Eröffnung einer Wartburg-Ausstellung geladen; einer der Besucher wagt sich zu weit vor und löst versehentlich die Alarmanlage aus. Die Sorge des amtierenden Direktors, Dr. Dieter Hennig, die Leute könnte das Museum zu akademisch anmuten, ist unbegründet: Ich sehe sie ernsthaft sich in all die literatur- und rechtsgeschichtlichen Exponate vertiefen, und auch im Besucherbuch finde ich keinerlei Beschwerde darüber, daß am Eingang – entgegen eventuellen Erwartungen – nicht Hänsel und Gretel zum Empfang bereitstehen (obwohl natürlich die Märchenabteilung frequentierter ist als die anderen – überhaupt, wo es sich um halbwüchsige Besucher handelt. Die hinteren Räume, in denen Philologie und Rechtskunde, Geschichtswissenschaft und

Theologie dominieren, mag man schon daran erkennen, daß der Besucher – im Gegensatz zu den hellerleuchteten vorderen – beim Eintreten selber das Licht andrehen muß).

Rührend die persönlichen Habseligkeiten: Jacobs Leseglas, Ludwig Emils Lichtschirm, seine Schreibgarnitur, sein Reisepaß. Richtig intim wird's, wenn man einen Blick in Lottes Haushaltsbuch wirft: Huhn, Spinat, Hafer, Milchbrot und »Schuh für den Karl« liest man etwa unter den Einkäufen eines x-beliebigen Tages. Das Stammbuch Amalie Hassenpflugs (die zu den eifrigsten Märchenlieferantinnen der Brüder Grimm zählte) hat die Form eines Kreuzes; unter den fremdsprachigen Märchenausgaben fehlt nicht einmal eine »udmurtische«; und in Jacobs Kasseler Schulentlassungszeugnis lese ich: »Mit Vergnügen können ihn die Lehrer als einen der fähigsten, fleißigsten und gesittetsten Schüler empfehlen.« Eindrucksvoll sein beim Frankfurter Vorparlament eingebrachter Antrag zur Verbesserung der deutschen Grundrechte, die von ihm verdeutschte Serbische Grammatik, das breitrandige Handexemplar eines seiner Bücher, die Vorlesungsnachschrift eines seiner Göttinger Studenten (»Deutsche Grammatik bei Jacob Grimm 1834/35 gehört«).

Ein Buch in einer Vitrine auslegen – das kann jeder. Worauf es ankommt, ist: die richtige Seite aufschlagen. In dieser Hinsicht kann das Brüder-Grimm-Museum vorbildlich genannt werden – ich greife drei Beispiele heraus: die nebeneinander ausgebreiteten Proben aus Jacobs und Wilhelms Lebensbericht – welch markante synchronoptische Demonstration zweier grundverschiedener Temperamente! Sodann das köstliche Zitat aus Jacobs Abhandlung »Über Schule, Universität, Academie«: »Deutschland ist ein wahres Land der Schulmeister, etwa wie Italien und Spanien das Land der Geistlichen. Rechnet man für ganz Preußen auf 15 Millionen Menschen 30 000 Schulmeister, so kommt einer auf 500 Einwohner.« Und schließlich – überwältigend schon in seinen schlichten Einleitungsworten »Ich soll hier vom Bruder reden« – Jacob Grimms Berliner Akademierede auf den jüngst verstorbenen Wilhelm, »den nun schon ein halbes Jahr lang meine Augen nicht mehr erblicken, der doch nachts im Traum, ohne alle Ahnung seines Abscheidens, immer noch neben mir ist . . .«

Das Brüder-Grimm-Museum in Kassel läßt kaum eine Frage unbeantwortet: Wo keine Vitrine, kein Katalogtext die Antwort weiß, darf man darauf bauen, daß der Direktor sie im Kopf hat. Wiederum ein paar Beispiele: Ob die Brüder Grimm hessischen Dialekt gesprochen haben? Man sehe sich jenen Geburtstagsbrief an, den sie als Drei- bzw. Vierjährige an ihren Vater geschickt haben: von Erwachsenenhand mit Bleistift vorgeschrieben und dann von ihnen mit Tinte nachgezogen: deutlich durchsetzt von mundartlichem Idiom. Wieso es in ihren Briefen so gut wie keine Korrekturen gibt? Weil sie stets zuerst ein Konzept angefertigt und dieses hernach ins reine geschrieben haben. Wie es kommt, daß sich der Grimm-Nachlaß in so erfreulicher Vollständigkeit erhalten hat? Weil Wilhelm Grimms Sohn Herman ihn ebenso weise wie weitsichtig (und ohne doch etwas von der späteren Gefahr der Bombenkriege ahnen zu können) unter dem Aspekt optimaler Sicherung aufgeteilt hat: auf Berlin, Göttingen und Kassel. Ob es erst unter den Nationalsozialisten zu ideologischem Mißbrauch der Brüder Grimm gekommen ist? Um sie zu Nationalhelden zu stilisieren, wurde schon während des Kaiserreichs an ihren Texten manipuliert – etwa indem man in Briefausgaben allzu liberale »Stellen« eliminierte (und zwar ohne jeden Kürzungshinweis). Wieso der religionsgeschichtliche Zweig der Grimm-Forschung fast völlig zum Erliegen gekommen ist? Weil sich seit dem NS-Trauma keiner an den germanischen Götterhimmel heranwagen mag. Weshalb es bis heute an der großen gültigen Grimm-Biographie fehlt? Weil noch nicht einmal die Vorarbeiten dafür geleistet sind: eine komplette Briefausgabe und ein nach dieser erstelltes Itinerar. Diesem Ziel endlich näher zu kommen, betrachtet die Brüder-Grimm-Gesellschaft (deren Sitz ebenfalls in Kassel und mit deren Geschäftsführung ebenfalls Dr. Hennig betraut ist) als eine ihrer ersten Aufgaben. Als »Fingerübung« hat man bereits die Lotte-Briefe herausgebracht, nun ist Ludwig Emil an der Reihe. Ob die landläufigen

»Es stehen Säulen davor und ist der Wach grad gegenüber«: Am Kasseler Hauptwohnsitz der Brüder Grimm tagt heute der Hessische Verwaltungsgerichtshof

Histörchen über Dorothea Viehmann, die »Niederzwehrener Märchenfrau«, wirklich in allen Punkten strenger Nachforschung standhalten? Zumindest in zweien *nicht*: Wenn man aus dem Studium von Jörg Wickrams »Rollwagenbüchlein« wisse, welch deftige, zum Teil geradezu pornographische Geschichten die männlichen Reisenden jener Zeit auf ihren Überlandfahrten austauschten, sei es schwer vorstellbar, daß die in der »Knallhütte«, der elterlichen Gastwirtschaft, einkehrenden Fuhrknechte – so die allgemeine Theorie vom Ursprung des Viehmannschen Erzählschatzes – ausgerechnet Kindermärchen zum besten gegeben haben sollen. Und auch die Version, die Brüder Grimm hätten die »Viehmännin« in ihrem Heim aufgesucht, um solcherart an deren Kapital heranzukommen, sei nicht aufrechtzuerhalten. Die Sache habe sich vielmehr mit größter Wahrscheinlichkeit wie folgt zugetragen: Dorothea Viehmann bot auf dem mittwochs und samstags abgehaltenen Kasseler Bauernmarkt ihre Waren an, Lotte Grimm war eine ihrer Kundinnen, und wenn sie das von dieser Ausgewählte ins Haus zustellte, warteten dort schon Jacob und Wilhelm auf die Lieferantin, um sie ins Märchen-»Verhör« zu nehmen.

Das Werk der Brüder Grimm ist beides: Gegenstand wissenschaftlicher Forschung und allgemeines Gebrauchsgut, und beidem hat das Kasseler Museum gerecht zu werden. Man sitzt also nicht auf dem hohen Roß, ist sich auch für banale Publikumswünsche nicht zu gut. Die Anfrage einer Stammtisch-Wettrunde nach dem genauen Bedeutungsunterschied der Wörter »wiegen« und »wägen« wird also mit dem gleichen Ernst behandelt wie eine hochnotpeinliche Manuskript-Expertise; »Trivialzeugnisse« wie der handelsübliche Märchenfigurenkitsch oder die leidigen Souvenir-Zinnbecher mit den Grimm-Reliefs haben im Museumsdepot die gleiche Existenzberechtigung wie bibliophile Rarissima; und wenn die Brüder-Grimm-Vermarktung durch den Märchenstraßenrummel vor allem vom Inhaltlichen her anfechtbar ist (nicht einmal die »Bremer Stadtmusikanten« sind im eigentlichen Sinne lokalisierbar, »passen« ebensogut nach Amsterdam oder Lyon), so weiß man doch sehr wohl (und weiß es zu schätzen), daß auch das Brüder-Grimm-Museum – um so mehr, als es selber über kein Werbebudget verfügt – davon kräftig profitiert.

Natürlich hat auch bei der Sache mit dem Märchenfund, der im Herbst 1983 weltweit Schlagzeilen gemacht hat, das Kasseler Brüder-Grimm-Museum seine Hand mit im Spiel gehabt. Sie erinnern sich vielleicht an das Spektakel: Die »New York Times« berichtete darüber in riesiger Aufmachung auf Seite 1 – dort, wo sonst die große Weltpolitik ihren Platz hat. Was war geschehen? Der amerikanische Autographenhändler Martin Bresslauer hatte um die stolze Summe von 45 000 Dollar ein Manuskript von Wilhelm Grimm an den Verlag Farrar, Straus & Giroux verkauft; das Manuskript, hieß es, sei ein bisher unbekanntes und unveröffentlichtes Grimm-Märchen. Der Käufer werde es, von dem renommierten Kinderbuchillustrator Maurice Sendak bebildert, als eigenes Buch herausbringen.

Unbekannt und unveröffentlicht – das eine stimmte so wenig wie das andere. Bekannt war der im Jahr 1816 von Wilhelm Grimm in Briefform abgefaßte Text spätestens seit jener Auktion des Marburger Autographenhauses Stargardt im Sommer 1974, bei der der erwähnte Martin Bresslauer, den ebenfalls mitbietenden Kasseler Museumsdirektor Dr. Hennig übertrumpfend, für 14 500 Mark das von Unbekannt auf den Markt geworfene Fundstück an sich ziehen konnte. Der Schätzpreis des Auktionators war mit 7000 Mark angegeben – Hennig, mit den entsprechenden Budgetvollmachten ausgestattet, war bereit, bis aufs Doppelte zu gehen. Er mußte unterliegen: Bresslauer wäre die Sache, wenn es hart auf hart gegangen wäre, 50 000 Mark wert gewesen, und er wußte warum: Bei einem Wiederverkauf in Amerika würde er ein Vielfaches dieser Summe erzielen. Der sensationelle Abschluß mit dem Verlag Farrar, Straus & Giroux hat ihm recht gegeben.

Nun aber zu der Behauptung, es handele sich bei Wilhelm Grimms Brief, adressiert an eine bis heute nicht identifizierte »liebe Milli«, um ein »unveröffentlichtes Grimm-Märchen«. Die fromme Geschichte von der kleinen Halbwaise, die von ihrem Schutzengel in die Hütte des heiligen Joseph geführt wird, ist, auch wenn sie mit der Floskel »Es war einmal« beginnt, kein Märchen, sondern eine jener Legenden, wie sie seit der Zweitauflage der Grimmschen Kinder- und Hausmärchen deren Anhang bilden, und tatsächlich findet sich dort, gleich an erster Stelle und unter dem Titel »Der heilige Joseph im Walde«, eine Variante ebenjenes Textes, der nun plötzlich etwas ganz und gar Neues sein soll. Wilhelm Grimm hat das Geschichtchen, das er wohl in dieser Form für nicht druckreif befand, einem Kind, dem er damit eine Freude machen wollte, in Briefform übermittelt – das ist alles. Wer die Empfängerin gewesen ist, wissen wir nicht: Der Name »Milli« deutet auf den süddeutschen Raum. Und auch die Erben des Manuskripts sind unbekannt: Kein Sterbenswörtchen war bei der Marburger Auktion von 1974 über ihre Identität zu erfahren.

Natürlich ist man im Brüder-Grimm-Museum froh darüber, daß es hin und wieder zu derartigen Abverkäufen aus der Hinterlassenschaft von Grimm-Zeitgenossen kommt, die mit Jacob oder einem der anderen Brüder in Briefwechsel gestanden haben: Wie sonst hätte man es in den Kasseler Archivbeständen zu einer Briefkollektion von annähernd 600 Stück gebracht? Erst unlängst war wieder einiges im Angebot – und sogar zu halbwegs vernünftigen Preisen. Jacob Grimms briefliche Bitte um Aufschub einer Einladung, weil seine Schwägerin »Dortchen« durch eine »Fußgeschwulst« verhindert sei, wechselte für 665 Mark ihren Besitzer – so billig bekommt man's nicht alle Tage.

Als Jacob und Wilhelm Grimm sich in Hessen, Westfalen und anderswo mit Märchen eindeckten (und zwar den ihren diversen Gewährsleuten vertrauten), um sie niederzuschreiben, in Form zu bringen und so für die Nachwelt zu erhalten, gab es weder Stenographie noch Diktaphon. Ihr Verfahren war dementsprechend umständlich; Wilhelm hat es am Beispiel der Niederzwehrener »Märchenfrau« Dorothea Viehmann geschildert:

»Dabei erzählte sie bedächtig, sicher und ungemein lebendig, mit eigenem Wohlgefallen daran, erst ganz frei, dann, wenn man es wollte, noch einmal langsam, so daß man mit einiger Übung nachschreiben konnte.«

Langsam – zum Nachschreiben.

Auch *das* wäre einmal eine Untersuchung wert: der Zeitbegriff im Arbeitssystem der Brüder Grimm. Oder – aus *heutiger* Sicht: der allgemeine Verfall der Geduld. Ob ich einen Anfang mache und bei den nachfolgenden Recherchen testhalber auf den Einsatz meines Tonbandgeräts verzichte?

Es geht um die Märchenbeiträger der Brüder Grimm. Einige der wichtigsten, ergiebigsten haben in und um Kassel gelebt, und auch sie haben Spuren hinterlassen, denen man bis heute folgen kann. Beginnen wir mit einer, die sich mittlerweile als Irrfährte herausgestellt hat. Die Suche nach Lebenszeugnissen der »Alten Marie«, in der Wilhelms Sohn Herman fälschlich eine der »Hauptlieferantinnen« erblickt hat, kann ich einstellen: Der ihr zugewiesene Anteil – das hat inzwischen der Märchenforscher Heinz Rölleke nachweisen können – geht eindeutig auf das Konto der Marie Hassenpflug, der ältesten Tochter des kurhessischen Regierungspräsidenten Johannes Hassenpflug. Schade – die »Alte Marie« wäre ein so ideales Exemplar gewesen: die einfache alte Frau vom Land, Marie Müller aus Rauschenberg bei Kassel, Kriegerwitwe, gottesfürchtig, Haushälterin beim Apotheker Wild in der Kasseler Marktgasse (wo die Grimms eifrig verkehrten und Wilhelm 1825 einheiratete). Doch wie gesagt: Von ihr gilt es Abschied zu nehmen – sie hat den Brüdern Grimm, wenn diese bei den Wilds zu Gast waren, vielleicht so manchen Leckerbissen aufgetischt: gefüllte Tauben oder geschmorten Kapaun. Nur keine Märchen.

Unumstritten bleibt dagegen die Rolle der »Viehmännin«, der sie einen Großteil der Märchen des zweiten Bandes verdanken – nur sind auch von dem von *ihr* überlieferten Bild einige kleine Abstriche zu machen. Erstens wird man sie, die Gattin des Schneidermeisters Nikolaus Viehmann, kaum (wie es Wilhelm Grimm noch getan hat) als Bäuerin bezeichnen können. Da es den Viehmanns mit ihren vielen Kindern in jenen unsicheren Nachkriegszeiten sehr elend ging, dürfte sie lediglich – um eines bescheidenen Nebenverdienstes willen – frische Lebensmittel aus ihrem Wohnort Niederzwehren (das damals noch ein Dorf war) auf dem Kasseler Wochenmarkt feilgeboten haben (und so – über ihre Kundin Lotte Grimm – mit deren Brüdern bekannt geworden sein).

Das zweite, was einer Korrektur bedarf, ist die Herkunft der von ihr weitergegebenen Märchen. Was lange als »stockhessisches« Volksgut angesehen worden ist, hat mit Sicherheit zum Teil französische Ursprünge: Dorothea Viehmanns väterliche Vorfahren, die Piersons, waren 1685 nach der Aufhebung des Edikts von Nantes als Hugenotten aus Metz nach Hofgeismar gekommen; noch in ihrem Elternhaus beherrschte man die Sprache der Vorväter.

Am 9. November 1755 ist sie in dem Dorf Rengershausen, wenige Kilometer von Kassel entfernt, im damaligen Gasthaus »Zum Birkenbaum« zur Welt gekommen. Rengershausen ist heute ein Teil der Industriestadt Baunatal, aus dem »Birkenbaum« ist noch im Lauf des 18. Jahrhunderts die »Knallhütte« geworden, und wenn Sie hier, in dem berühmten Straßengasthaus mit der eigenen Brauerei, Ihr Bier trinken, ist es gut möglich, daß einer der Viehmann-Nachkommen es Ihnen einschenkt: Karl Bettenhäuser, der Seniorchef, ist (durch Einheirat) in sechster Generation mit der »Märchenfrau« verwandt.

An diesem Abend hat Sohn Frank Dienst, aber er ist mit der Chronik des Hauses nicht minder vertraut, und was seine Beziehung zu den Märchen der Urahnin betrifft, so hat er sogar – entwicklungsbedingt – die größere Kompetenz: »Ich bin als Kind viel krank gewesen, da hat man sie mir alle der Reihe nach vorgelesen. Und je höher das Fieber, desto phantastischer die Fabel.«

Ich sitze mit Frank Bettenhäuser an einem der schweren Eichenholztische des »Märchenzimmers« und probiere das hausgebraute Bier: »Naturtrüb« ist die Spezialität der Knallhütte, also ungefiltert – ganz so wie die Geschichten der

Wenn der OB die Brüder Grimm zur Brust nimmt: Amtskette des Kasseler Stadtoberhaupts

Dorothea Viehmann, die diese zwei Jahre vor ihrem Tod den Brüdern Grimm zu Protokoll gegeben hat:

»Manches ist auf diese Weise wörtlich beibehalten und wird in seiner Wahrheit nicht zu verkennen sein.«

Wilhelm Grimm weiter über die »Methode« seiner Gewährsmännin:

»Wer an leichte Verfälschung der Überlieferung, Nachlässigkeit bei Aufbewahrung und daher an Unmöglichkeit langer Dauer als Regel glaubt, der hätte hören müssen, wie genau sie immer bei der Erzählung blieb und auf ihre Richtigkeit eifrig war; sie änderte niemals bei einer Wiederholung etwas in der Sache ab und besserte ein Versehen, sobald sie es bemerkte, mitten in der Rede gleich selber. Die Anhänglichkeit an das Überlieferte ist bei Menschen, die in gleicher Lebensart unabänderlich fortfahren, stärker, als wir, zur Veränderung geneigt, begreifen. Eben darum hat es, so vielfach bewährt, eine gewisse eindringliche Nähe und innere Tüchtigkeit, zu der anderes, das äußerlich viel glänzender erscheinen kann, nicht so leicht gelangt.«

Natürlich war den Besitzern der Knallhütte immer bekannt, daß dies der Geburtsort der »Märchenfrau der Brüder Grimm« gewesen ist: jener Katharina Dorothea Pierson, die, kleinwüchsig und auch sonst keine Schönheit, von um so lebhafterem Naturell, hoher Intelligenz und ausgeprägtem Sprachtalent war, als drittbeste Konfirmandin von Kirchbauna zum Abendmahl ging und als Klassenbeste die Schule von Rengershausen abschloß, in der elterlichen Wirtsstube den Erzählungen all der interessanten Gäste von nah und fern – Frachtfuhrleute, Kriegsvolk und wandernde Handwerksburschen – lauschte, später in den Nachbarort Niederzwehren heiratete und gegen Ende ihres von Not und Krankheit umdüsterten Lebens den Herren Bibliothekaren aus dem nahen Kassel »die meisten und schönsten Märchen des zweiten Bandes erzählte«.

Wilhelm Grimm hat die so fruchtbare Begegnung mit der Achtundfünfzigjährigen als »einen jener guten Zufälle« gepriesen, und Ludwig Emil, sein jüngster Bruder, hat mit der »recht ähnlichen und natürlichen Zeichnung«, die er »von ihr radiert«

hat (und die seit der Erstausgabe der »Kinder- und Hausmär-chen« deren zweiten Band eröffnet), dafür gesorgt, daß – von damals bis heute – ihrem Andenken auch sichtbarlich gehuldigt wird. Es wird nicht viele Frauenbildnisse geben, die eine ähnlich weltweite Verbreitung erfahren haben wie Ludwig Emil Grimms immer wieder kopiertes und adaptiertes Konterfei der in ruhiger Erzählhaltung porträtierten Dorothea Viehmann: Kittelkleid und Häubchen, die Arme auf den Tisch gestützt, ein Blütenzweig in den übereinandergelegten Händen, der scharfe und offene Blick.

Als die damaligen Eigentümer der Knallhütte im Winter 1951/52 das 200-Jahr-Jubiläum ihres Unternehmens feierten und aus diesem Anlaß eine Festschrift herausgaben, war es für sie eine selbstverständliche Dankespflicht, eines der sechs Kapitel dieser schön illustrierten Chronik der »Märchenfrau der Brüder Grimm« zu widmen und so an jenen »goldenen Schimmer« zu erinnern, den der alte Einkehrgasthof an der Frankfurter Heerstraße vom ruhmreichen Wirken der Doro-thea Viehmann empfangen hat und »der wohl geeignet ist, auch in weite Fernen zu glänzen«.

Daß die Knallhütte Grimm-geneigten Gästen heute sogar mit einem eigenen »Märchenzimmer« aufwartet, bedurfte aller-dings eines Anstoßes von außen – und der ist interessanterweise in Österreich erfolgt. Es war vor rund zehn Jahren: Seniorchef Karl Bettenhäuser war zu Besuch in Wien. Und er staunte nicht wenig, als er auf den dortigen Plakatwänden das bekannte Porträt »seiner« Dorothea Viehmann gewahrte – als Aufputz eines Posters, mit dem just zu jener Zeit für den Besuch eines Märchenmuseums nahe der österreichisch-tschechoslowaki-schen Grenze (im Schloß Raabs an der Thaya) geworben wurde. Ja, wenn man sich sogar in der tiefsten niederösterrei-chischen Provinz mit ihr berühmt, mag sich der Baunataler Bierbrauer und Gastwirt gedacht haben, dann muß doch wohl auch endlich an ihrer Geburtsstätte etwas zu ihrem Andenken getan werden! Und so richtete er, nach Hessen heimgekehrt, den Nebenraum der Schankstube als »Märchenzimmer« ein: ließ das Bild der Viehmännin großformatig an die Wand pinseln, hängte Ansichten von ihrem Sterbehaus, von den Brüdern Grimm und vom Vorspannbetrieb der historischen Knallhütte auf, versah die Speisekarte mit einer Miniatur von der »Viehmännin« und ließ sogar, um dem Interieur einen gewissen zeitgenössischen Anstrich zu geben, die schweren alten Wirtshaustische nachbauen, die einst nach Feierabend, wenn sich die Fuhrmannsleute schlafen legten, hochgeklappt wurden, und die Bänke, die, mit frischem Stroh gepolstert, ihre Bettstatt bildeten. Ob man vielleicht sogar den alten Brauch wieder einführen sollte, den Zechern die Rechnung mit Kreide auf die Tischplatte zu schreiben? Und wie wär's mit Märchenstunden am Sonntagvormittag? Nur eines mußte man sich auf den dringenden Rat des Werbekonsulenten aus dem Kopf schlagen: die Viehmännin, wie man sich's wohl insgeheim erhofft hatte, für die Bier-Reklame einzuspannen. Märchenfrauen trinken Hagebuttentee.

Gespannt darf man sein, in welcher Weise die Nachbargemeinde Schauenburg dem Dragonerwachtmeister Krause ihre Reverenz erweisen wird. Endlich – und ich bin stolz darauf, mit meinem insistierenden Fragen dazu beigetragen zu haben – weiß man nun ein wenig mehr über jenen wunderlichen Märchenerzähler, der sich seinen Anteil an der Sammlung der Brüder Grimm mit abgelegten Beinkleidern hat abgelten lassen. Im Ortsteil Hoof hat der invalide Kriegsveteran und Witwer seinen kärglichen Lebensabend zugebracht; erst seit kurzem kennen wir – dank Pfarrer Heinz Vonjahrs unermüdlichem Studium der örtlichen Kirchenbücher – seine genauen Daten. Als Sohn eines Schulmeisters ist Johann Friedrich Krause 1747 im benachbarten Breitenbach geboren, als verabschiedeter Quartiermeister 1828 in Hoof gestorben. Folgende sieben Märchen werden mit seinem Namen in Verbindung gebracht: »Die drei Schlangenblätter«, »Der alte Sultan«, »Der Ranzen, das Hütlein und das Hörnlein«, »Die Bienenkönigin«, »Der König vom goldenen Berge«, »Der gelernte Jäger« und »Von der Serviette, dem Tornister, dem Kanonenhütlein und dem Horn«. Wie die Brüder Grimm auf den damaligen

Mittsechziger und sein Wissen aufmerksam geworden sind, ist nicht bekannt; Wilhelm erwähnte ihn im Begleitschreiben des fertigen Druckmanuskripts für Band 1 der »Kinder- und Hausmärchen«, das er am 26. September 1812 – zur Weiterleitung an den Verleger Georg Andreas Reimer – an Freund Achim von Arnim abgesandt hat:

»Wir haben noch allerlei erhalten, und Du wirst noch manches neue finden, ein paar ganz eigentümlich soldatische von einem alten Dragonerwachtmeister, gegen alte Kleider eingetauscht, werden Dir Vergnügen machen.«

Noch Jahre nach jener kuriosen Transaktion erwies Johann Friedrich Krause den Brüdern Grimm seine Dankbarkeit (nicht ohne sie zugleich um weitere Spenden anzugehen); in der Westberliner Staatsbibliothek liegen die Originale zweier Briefe, die er ihnen geschrieben hat. Schon um ihrer bizarren Orthographie willen sollte man sie gelesen haben. Der erste stammt von 1823 (da war Krause 76):

»Meine Libe-Herren-Wohldäter! Herr Jacob und Hr. Wilhelm. – Ich denke däglich an Ihnen, Morgen, und abents. Wenn ich mich aus- und annzihe: aber die aldages Beinkleider sein zerrißen: Ich armer Tropf ich bin diesen ganzen Winter krank gewesen, und noch immer, schwach. Haben sie die Gewogenheit, Meine Hr. Biblicats, wenn Einer von Ihnen Ein paar Bein Kleider abgelecht hat, und begaben sie mich Noch eins mahl, Ich werte Ihnen meinen unterthänichen Danck dagegen abstatten. Wäre es möglich daß es meine schwachheit Kräfte zu gäben, so wolde ich daß Gaßell doch noch Ein mahl gerne sähen; Vergangenen Herpst, wahr ich zuletzt nach Gaßell und wolde die Hr. in Ihrem Neuem Logies besuchen, aber es wahr niemand zu hause. Eine sehr freundliche Frau, dieselbe kaam die Treppe herrunder, bey derselbe, habe ich Meine Entpfälung ann meine Hr. hinterlaßen; übrigens, Wünsche ich Ihnen Gottes Seegen, und verbleibe Därer Hr. unterdänicher! – F. Krause, Hoff am 26te julii, 1823.«

Kurz vor seinem Tod, im Mai 1827, schrieb Krause noch einmal und nun wohl das letztemal an seine »Wohldäter« – und zwar an *beide*, obwohl Wilhelm Grimm inzwischen verstorben war (und er im Text seines Briefes auch auf dieses Ereignis einging):

»Meine Hoch GeErste, Herrn! Bibligats, Hr. Jacob u. Hr. Wilhelm, Wenn Sie noch gesund sein, sol mich Hertzlich Erfreuen. Mich hat vor 2 Jahren, Ein schicksahl betroffen, daß ich durch einen fall, Ein dickes Bein krichte, daß solches muste aufgeschnitten Wärten: und noch däglich, Verbunden, Wie auch Dag und Nacht schmerzen. – Herr Wilhelm, ich Habe Ihnen dausendfältig Glück gewünst, zu Ihrer Hayrath, auch nach Härr zu ihrem kleinen Erben. Hat es nun dem aller Höchsten Gott gefallen zu sich zu Nämen, so werden Sie Vatter und Mutter sich trösten mit dem Liet No. 525, das Heist, Waß Gott duth, das ist Wohlgedahn, Es bleibt gerecht sein Wille, Wie er fängt meine Sache an Will ich ihm Halten stille: Meine liben Herrn ich schreibe ihnen nicht deßhalb daß ich Etwas von Ihnen erheischen will, Sontern aus Herzens Grunt, sollte es der fall sein, daß einer Ein paar beinkleiter abgelecht und Wollten Mir zu guter letz noch ein paar Verehren, Werte ich Ihnen den grösten Danck dafür abstatten. Meine Herrn sie nämen Mir nicht vor ungutig Meine Schreibfäler. Ich habe gehör, und gesicht Verloren, Es ergehet Mir, Wies im 38te besalm v. 10. Daß Licht meiner Augen ist nicht bey mir und meine lieben und freunde stunden gegen mir und schauten meine plage, und meine Nächsten traten ferne: Mit größter Hochachtung und untertänigem respeckt. Friedrich Krause. Hoff 7te May 1827.«

Zehn Monate später war der bibelfeste Greis – seit Jahren verarmt, verkrüppelt und verlassen – selber tot. Daß er – auf seine Weise – in die Weltliteratur eingegangen ist, ist ihm wohl kaum zu Bewußtsein gekommen. Seine Mitarbeit an den »Kinder- und Hausmärchen« erwähnt er mit keinem Wort – vor lauter Kleidungs- und Gesundheitssorgen. Und wohl auch aus Bescheidenheit: Es muß ihm allzu unbedeutend erschienen sein. Ein einfältiger Mann von eigener Größe – besonders rührend. Auch seiner sollte man gedenken, wenn man auf den Spuren der Brüder Grimm durchs heutige Hessen reist. Die Gemeinde Schauenburg aber wird gut daran tun, ihre Ortschronik mit einem Nachtrag zu versehen.

Zurück zu den Quellen: Orientierungshilfe für motorisierte Grimm-Pilger

Studien aller Art
(Marburg)

Natürlich haben sie auch *Volkslieder* gesammelt – was eigentlich *nicht*? In der Marburger Universitätsbibliothek ruht der kostbare Schatz – jetzt sind die Fachwissenschaftler dabei, ihn zu heben. Man darf sich ihre Arbeit durchaus aufregend vorstellen. Man denke: lauter Grimm-Handschriften, die bis dato unveröffentlicht sind! Da würde manch einer zahlen – bloß, um dabeizusein.

Charlotte Oberfeld ist eine von den Auserwählten, die mit der Herausgabe von Jacob und Wilhelm Grimms Sammlung deutscher Volksliedtexte betraut sind. Sie entsinnt sich noch gut jenes Tages, da sie zum erstenmal mit den vielen kleinen Zetteln in Berührung kam: Es war, als vergäße sie die Welt rund um sich herum. Ließ alle Mahlzeiten ausfallen. Und war nahe daran, sogar das Staatsexamen zu schwänzen, für das sie am Nachmittag als Prüfer eingeteilt war.

Dabei ist Charlotte Oberfeld kein hitzköpfiger Backfisch, sondern eine gestandene Professorin, für die bedeutende wissenschaftliche Funde zum Alltag gehören, eine Frau von Würde, die nicht so schnell etwas aus der Fassung bringt.

Jetzt aber hatte sie das Premierenfieber gepackt: die Freude, mit Grimm-Originalen zu hantieren, deren sich bisher keiner angenommen hatte, die Verantwortung für deren Unversehrtheit, die Neugier aufs Detail. Diese vielen sparsamst beschrifteten Zettel, diese noch immer hervorragend lesbaren Schriftzüge, diese rührenden Zeugnisse kaum vorstellbaren Fleißes!

Auch wer sich mit *bescheideneren* Freuden begnügt, ist in Marburg am rechten Ort, und die Auswahl ist groß: Ich wüßte keine Stadt, in der es so viele Universitätsinstitute, Museen, Archive und Antiquariate gibt, in denen man in Sachen Grimm fündig werden kann. Oder pointiert ausgedrückt: Nirgends kann man Jacob und Wilhelm Grimm so gründlich studieren wie in der Stadt, in der sie selber studiert haben – das reinste

Recycling. Jacob, der – im Gegensatz zu seinem Bruder – die Alma Mater ohne Abschluß, ohne die juristische Staatsprüfung verlassen hat, hielt sich zwischen 1802 und 1805, Wilhelm zwischen 1803 und 1806 in Marburg auf. Hundertachtzig Jahre also liegen zwischen damals und heute: *Langzeit-Recycling.*

Es gibt Erlebnisse, die man niederzuschreiben zögert, weil sie in ihrer Zufälligkeit unglaubwürdig erscheinen. Um ein solches – von allen, denen ich's erzählt habe, prompt mit Kopfschütteln quittiert – handelt es sich beim folgenden. Ich stehe unmittelbar vor der Abreise von Marburg, das »Kindheitsmuseum« beim Barfüßertor ist meine letzte Station, ich bin arg verspätet, das Taxi, das ich herbeirufe, soll mich im Eiltempo zum Bahnhof bringen, in der Hotelhalle steht schon das Gepäck bereit. Der Fahrer, ein bärtiger junger Mann, sympathisch, gesprächig, beruhigt mich: Keine Angst, wir werden es schaffen. Ich habe das Gefühl, ich bin ihm eine Erklärung schuldig für meinen überstürzten Aufbruch. Nur – wie nennt man ein Unternehmen wie das meine? Ist es eine Geschäftsreise (schließlich lebe ich von den Büchern, die ich schreibe)? Oder ist es ein Forschungs-auftrag? Eine literarische Exkursion? Ach was, machen wir's kurz. Ich sage einfach: »Ich interessiere mich für die Brüder Grimm.« Doch kaum ist es heraus, da mache ich mir auch schon Vorwürfe – die typischen Skrupel des Intellektuellen: »Hättest du nicht irgendetwas anderes, etwas Handfesteres, vorschützen können? Was soll ein hartgesottener Taxichauffeur von einem ausgewachsenen Mannsbild halten, das sich mit Märchenkram abgibt?«

Doch der befürchtete verächtliche Blick des Fahrers bleibt aus. Statt dessen registriere ich Freudenausbrüche! Und sehr bald weiß ich: Wären wir nicht so knapp an der Zeit, käme es garantiert zu Verbrüderungsszenen. Wie das?

Mein Taxilenker – so stellt sich heraus – ist ein vollausgebil-deter Ethnologe, vor einem Jahr hat er seinen Magister gemacht, die Brüder Grimm zählten zu seinen Spezialgebieten, jetzt wartet er nur noch auf einen Posten (ohne ihn zu finden), und so bringt er sich einstweilen als Aushilfschauffeur durch.

Doch davon habe er nun genug, nun wolle er etwas anderes versuchen, vielleicht mache er zusammen mit einem Freund eine kleine Faksimile-Druckerei auf. Volkskundliche Reprints, das wär' doch was. Vielleicht auch Grimm-Nachdrucke, mal sehn.

Alle zwei Jahre – das erste Mal war es im Kriegsjahr 1943 – vergibt die Philipps-Universität Marburg den Brüder-Grimm-Preis: »für hervorragende Leistungen auf den Forschungsgebieten der Brüder Jacob und Wilhelm Grimm, insbesondere den Sprach- und Literaturwissenschaften, der Volkskunde, der deutschen Rechtsgeschichte und der Geschichtswissenschaft«. Der derzeit letzte Preisträger ist der emeritierte Marburger Historiker Walter Schlesinger. Als sein Kollege Hans K. Schulze in seiner Laudatio Schlesingers Werk würdigt, sagt er unter anderem folgenden wichtigen Satz:
»Die Brüder Grimm waren ›Germanisten‹ in einem sehr umfassenden Sinne; die deutsche Sprache und die deutsche Volkskunde, die deutsche Geschichte und das deutsche Recht wurden von ihnen gepflegt. Die Spezialisierung in den Wissenschaften macht eine solche Universalität heute unmöglich. An ihre Stelle ist die interdisziplinäre Zusammenarbeit getreten, die Walter Schlesinger stets gesucht und gefördert hat.«
Interdisziplinär – das ist das entscheidende Wort. Es ist ein besonders häßliches, wohl auch ein etwas modisches, aber ein in unserem Zusammenhang tatsächlich unentbehrliches Wort. Es drückt nicht nur unser heutiges Unvermögen aus, es in Wissens- und Wissenschaftsumfang mit den Brüdern Grimm und ihrer Zeit aufnehmen zu können, sondern es erklärt auch, wieso die Grimm-Pflege in einer Stadt wie Marburg so zersplittert, so vielfältig ist. Kein einzelner wäre imstande, des Ganzen Herr zu werden: Die Brüder Grimm bekommt man nur noch *interdisziplinär* in den Griff.
Da sind die Universitätsinstitute für Germanistik und Linguistik, für Ethnologie und Kulturforschung, für Rechtsgeschichte und Geschichtliche Landeskunde; da ist das Zentralarchiv der deutschen Volkserzählung mit seinen 75 000 Aufzeichnungen

mündlich tradierten Erzählgutes; da ist die Universitätsbibliothek mit ihren Handschriften aus dem Grimm-Nachlaß und das Universitätsmuseum mit seinen Bleistiftzeichnungen des Malerbruders Ludwig Emil; da ist die Marburger Photothek mit den köstlichen Märchenbilder-Alben aus dem »Institut für wissenschaftliche Projection«, das der so photographierwütige wie geschäftstüchtige Franz Stoedtner bis zum Ausbruch des Zweiten Weltkriegs in Berlin geführt hat – eine wahre Nostalgieorgie aus frühen Cartoons, Musterkatalogen und Photoplatten; und auch als Umschlagplatz für Grimm-Autographen und -Wiegendrucke ist Marburg eine allererste Adresse. Wenn – wie unlängst – ein bisher unbekanntes Märchenmanuskript von Wilhelm Grimms Hand auftaucht und den Weltmarkt erbeben läßt, nimmt es seinen Weg mit Sicherheit über Marburgs großes Auktionshaus, und wenn ein glücklicher Besitzer einer Erstausgabe sich von seinen Grimm-Märchen trennen will, um das Geschäft seines Lebens zu machen, bietet er sie mit Sicherheit vorrangig dem führenden Marburger Antiquar an. Falls Sie die Preise interessieren: Unter 20 000 Mark ist da nichts zu haben (und auch das selten genug). Muß man ja schon für Lagertitel wie die »Deutschen Heldensagen« und die »Deutsche Mythologie« runde 600 Mark hinblättern!

Auch Brüder Grimm *zum Nulltarif* gibt's in Marburg, und nicht nur aus diesem Grund, nicht nur des freien Eintritts wegen, fühlen sich die Halbwüchsigen dort besonders wohl: im »Kindheitsmuseum« beim Barfüßertor. Ein englischer Ethnologe und eine deutsche Pädagogin haben sich in der herrlich vergammelten alten Villa, die ihnen die Stadt Marburg zu günstigen Konditionen überlassen hat, zusammengetan und nach dem Muster der in England vielverbreiteten »Childhood Museums« hessische Kindheitswelt des 19. Jahrhunderts rekonstruiert: vom Klassenzimmer einer Zwergschule bis zur Puppenklinik – hinreißend! Der erklärte Verzicht auf Perfektion und Disziplin macht diese Privatkollektion, in der es von antiquiertem Hausrat ebenso wimmelt wie von Märchenbildern, wie sie einst in unseren Grundschulen hingen, von Märchentellern ebenso wie von Märchenspielzeug, so besonders heimelig – ein Geheimtip für alle, denen die angestrengte Didaktik und klösterliche Entrücktheit unserer meisten Museen und Gedenkstätten ein Greuel sind.

Und wenn wir schon beim *Unverfälschten* sind: Nicht weit von hier steht auch jenes Haus Barfüßerstraße 35, in dem die Brüder Grimm als Studenten gewohnt haben. Die Namensschilder mit dem Zusatz »Zweimal läuten« und »Dreimal läuten« deuten darauf hin, daß die berühmte Adresse noch immer Teil der Marburger Studentenszene ist – nur Erdgeschoß und straßenseitige Schaufensterfront sind vom Sportmodenhandel okkupiert. Nebenan ein Schnellimbiß. Modernisiertes Fachwerk, zwischen zwei Kippfenster die von Wilhelm Grimms Patenkind Ferdinand Bang gestiftete marmorne Gedenktafel gezwängt. Welches Zimmer mag es wohl gewesen sein? Und wie mag's darin ausgesehen haben? Einen winzigen Anhaltspunkt hat Jacob Grimm, der damals knapp Achtzehnjährige, mit einer kleinen Scherzzeichnung hinterlassen, die einem Brief an seinen Schulfreund Paul Wigand beigefügt war: Kastenbett und Nachtgeschirr, er selber in Nachthemd und Bettmütze. »Abends 1/4 auf 11 Uhr«, hat er hinzugekritzelt, »einschlafend und schnarchend«.

Als ergiebiger erweist sich ein Besuch im *Forsthof* – dem weitläufigen alten Anwesen in der Ritterstraße unterhalb des Schlosses. In einem Nebentrakt des heutigen Studentenwohnheims hatte Friedrich Karl von Savigny seine Wohnung, und hier sind Jacob und Wilhelm Grimm, die Lieblingsschüler des berühmten Rechtslehrers, ein und aus gegangen. Den Blick aufs Lahntal, wie ihn Jacob Grimm geschildert hat, kann man auch heute noch von dieser Stelle aus nachvollziehen – einiges muß man sich hinzudenken:

»Zu Marburg muß man seine Beine rühren und Treppe auf, Treppe ab steigen. Aus einem kleinen Hause in der Barfüßerstraße führte mich durch ein schmales Gäßchen und den Wendelstieg eines alten Turmes der tägliche Weg auf den Kirchhof, von dem sich über die Dächer und Blütenbäume sehnsüchtig in die Weite schaut. Da war gut auf und ab

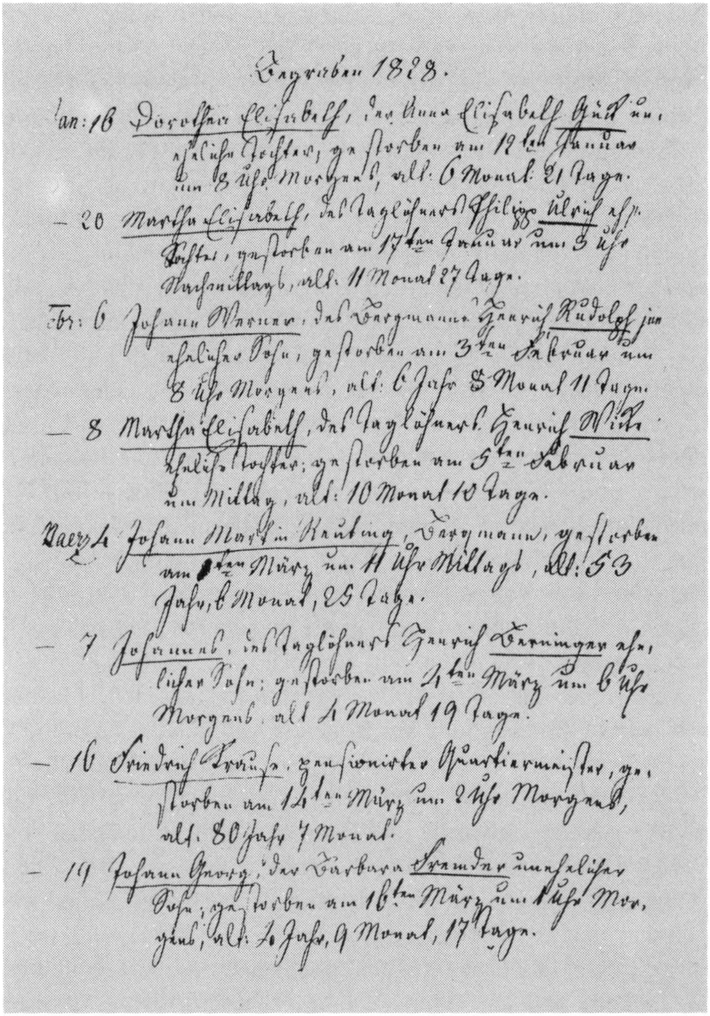

Begraben 1828.

Jan: 16 Dorothea Elisabeth, der Anna Elisabeth Gütt unehelicher Tochter; gestorben am 12ten Januar um 8 Uhr Morgens, alt: 6 Monat 21 Tage.

— 20 Martha Elisabeth, des Tagelöhners Philipp Ulrich ehel. Tochter, gestorben am 17ten Januar um 3 Uhr Nachmittags, alt: 11 Monat 27 Tage.

Febr: 6 Johann Werner, des Bergmanns Heinrich Rudolph jun. ehelicher Sohn, gestorben am 3ten Februar um 8 Uhr Morgens, alt: 6 Jahr 8 Monat 11 Tage.

— 8 Martha Elisabeth, des Tagelöhners Heinrich Witt eheliche Tochter; gestorben am 5ten Februar um Mittag, alt: 10 Monat 10 Tage.

Maerz 4 Johann Martin Krüting, Bergmann, gestorben am [illegible]ten März um 11 Uhr Mittags, alt: 53 Jahr, 6 Monat, 25 Tage.

— 7 Johannes, des Tagelöhners Heinrich Deninger ehelicher Sohn; gestorben am 4ten März um 6 Uhr Morgens, alt 4 Monat 19 Tage.

— 16 Friedrich Krause, pensionierter Quartiermeister, gestorben am 14ten März um 2 Uhr Morgens, alt: 80 Jahr 7 Monat.

— 19 Johann Georg, der Barbara Franke unehelicher Sohn; gestorben am 16ten März um 6 Uhr Morgens, alt: 4 Jahr, 9 Monat, 17 Tage.

Tausche Märchen gegen Beinkleider: der pensionierte Dragonerquartiermeister Friedrich Krause (hier seine Sterbeeintragung im Kirchenbuch von Hoof) wandeln. Dann stieg man an der Mauerwand wieder in eine höherliegende Gasse vorwärts zum Forsthof . . . Mitten an der Treppe klebte wie ein Nest ein Nebenhaus, in dem Sie« (Jacob Grimm, inzwischen selber ein Mann von 65, hatte diese Abhandlung seinem verehrten Lehrer Savigny zu dessen 50. Doktorjubiläum gewidmet) »Ihr heiteres, sorgenfreies und der Wissenschaft gewidmetes Leben lebten. Ein Diener öffnete, und man trat in ein nicht großes Zimmer, von dem eine Tür in ein noch kleineres Gemach mit Sofa führte. Hell und sonnig waren die Räume, weiß getüncht die Wände, tännen die Dielen, die Fenster gaben ins Gießner Tal, auf Wiesen, Lahn und Gebirg duftige Aussicht, die sich zauberhafter Wirkung näherte, in den Fensterecken hingen eingerahmt Kupferstiche, an denen ich mich nicht satt sehen konnte, so freute mich deren scharfe und zarte Sauberkeit. Doch noch viel größeren Reiz für mich hatten die im Zimmer aufstrebenden Schränke und in ihnen aufgestellten Bücher, deren ich bisher außer Schulbüchern und des Vaters Hinterlassenschaft wenige kannte. Man durfte auf die Leiter steigen und näher treten. Da bekamen meine Augen zu schauen, was sie noch nie erblickt hatten.«

Das größte dieser Erlebnisse für den jungen Jacob Grimm war seine Erstbegegnung mit Bodmers Minnelieder-Sammlung – »Gedichte in seltsamem, halb unverständlichem Deutsch«:

»Das erfüllte mich mit eigener Ahnung. Wer hätte mir damals gesagt, ich würde dies Buch vielleicht zwanzigmal von vorn bis hinten durchlesen und nimmer entbehren. Bei Ihnen prangte es unnütz auf dem Brett. Sie haben es sicher nie gelesen, damals aber getraute meine keimende Neigung noch nicht, es von Ihnen zu entleihen; doch blieb es so fest in meinen Gedanken, daß ich ein paar Jahre hernach auf der Pariser Bibliothek nicht unterließ, die Handschrift zu fordern, aus welcher es geflossen ist, ihre anmutigen Bilder zu betrachten und mir schon Stellen auszuschreiben. Solche Anblicke hielten die größte Lust in mir wach, unsere alten Dichter genau zu lesen und verstehen zu lernen.«

Man kann also gut begreifen, wenn Jacob Grimm später über seine Marburger Lehrjahre gesagt hat:

»Diesem Mann verdanke ich alle wissenschaftliche Anregung für mein Leben.«

Auch Savignys äußere Erscheinung hat er detailgetreu geschildert:

»Groß war er gewachsen, damals noch schlank, trug grauen Oberrock, braune blaustreifige Seidenweste, sein dunkles Haar hing ihm schlicht herunter, das heute noch die Farbe hält, während meine braunen krausen Locken sich schon gebleicht haben. Dieses lehrenden Mannes freundliche Zurede, handbietende Hilfe, feinen Anstand, heiteren Scherz, freie ungehinderte Persönlichkeit kann ich nie vergessen; wie stand er vor uns auf dem Katheder, wie hingen wir an seinen Worten.«

Sogar an seine erste bei Savigny eingereichte schriftliche Arbeit erinnerte sich Jacob Grimm ganz genau – fast fünfzig Jahre danach; es ging um ein Erbrechtsthema:

»Wollen Sie wissen, wie die Worte lauteten, mit welchen Sie mich beurteilten? Ich kann sie immer noch auswendig: ›Nicht nur vollkommen richtig entschieden, sondern auch sehr gut dargestellt‹. So günstig hat mich nachher kein anderer Rezensent loben mögen.«

Ein wahres Juwel aber Jacob Grimms Schilderung seines Gemütszustandes, wenn er nach einem Besuch im Haus des (nur sechs Jahre älteren) Gelehrten den Heimweg antrat:

»Wenn ich frischen Atem bei Ihnen geschöpft hatte und mich, ich wußte kaum wie, aus den Schranken gehoben fühlte, in denen meine ganze Art vorhin befangen war, schritt ich frohgemut, über Stock und Stein springend, die Stufen hinab nach Hause in mein kleines Stübchen. Damals lag meine Seele offen vor Ihnen, ich hätte Ihnen alles vertrauen können.«

Unter den heutigen Marburger Grimm-Experten sind drei, denen ich besonderen Dank schulde: der Historiker *Alfred Höck*, der fürs Biographische, die Ethnologin *Ingeborg Weber-Kellermann*, die fürs Wirkungsgeschichtliche, und ihre Kollegin *Charlotte Oberfeld*, die vor allem für Fragen der Erzähltradition zuständig ist (und von der ich schon zu Anfang dieses Kapitels gesprochen habe). Höck ist insbesondere, wo's ums lokalhistorische Detail geht, die letzte Instanz; seine Studie »Die Brüder Grimm als Studenten in Marburg« hält genau die Mitte zwischen Achtung und Verehrung.

Im persönlichen Gespräch findet er Gelegenheit, manches mehr Emotionelle, das er sich im wissenschaftlichen Text wohl versagen muß, nachzutragen – etwa seinen Unmut über jene borniertren Landesfürsten, die »die große Kleinstadt Marburg« allzu stiefmütterlich behandelt hätten; seine Bewunderung für das so schlichte wie bescheidene Wesen der Grimms: Männer aus »Eisenholz«, die niemals hinter einem Fürsten hergelaufen, sich niemals selber eine Ehrenpforte errichtet hätten, freilich unabhängig und von klarem Selbstwertgefühl (»Mit die besten Hessen, die wir je gehabt haben!«); oder seine Empörung über jene Fachkollegen, die im Übereifer der »re-education« Jacob Grimm zum »Großvater Adolf Hitlers« stilisiert hätten: »Miß-brauch kann niemals den anständigen normalen Gebrauch aufheben.« Wenigstens die in den Nachkriegsjahren zur Mode gewordene pädagogische Diffamierung der Grimm-Märchen habe sich mittlerweile totgelaufen. Aber ein wirklich ungebrochenes Verhältnis zum Werk von Jacob und Wilhelm Grimm finde sich nach wie vor nur im östlichen Ausland – in Jugoslawien, in Polen, in der Sowjetunion.

Wenn Alfred Höck in seiner Monographie über die Studentenjahre der Brüder Grimm von den Bittprozeduren der Mutter berichtet, mit denen die »verwitwete Amtmännin« beim Landgrafen die »Dispensation« für ihre Söhne, also deren Zulassung zum Universitätsstudium erwirken muß, werden sich vielleicht heutige Numerus-clausus-Opfer angesprochen fühlen; auch Jacob Grimms Votum für die Jurisprudenz (statt für die geliebtere Botanik) aus Gründen der besseren Berufsaussichten findet leicht seine heutige Entsprechung (in ähnlichem arbeits-marktbedingtem Neigungsverzicht); und Briefe des frisch Immatrikulierten über seine ersten Eindrücke am Studienort (»Die Lage Marburgs und umliegende Gegend ist gewiß sehr schön, besonders wenn man in der Nähe des Schlosses steht und da heruntersieht, die Stadt selbst aber sehr häßlich. Ich glaube, es sind mehr Treppen auf den Straßen als in den Häusern. In ein

ABC anno 1880: Klassenzimmer einer hessischen Zwergschule im Marburger »Kindheitsmuseum«

Haus geht man gar zum Dache hinein.«) werden wohl auch heute noch an manches Elternhaus daheim geschrieben. Wie weit wir uns hingegen vom Familien- und Geschwistersinn vergangener Zeiten entfernt haben, bezeugen jene rührenden Trennungsklagen, die uns aus Jacob und Wilhelm Grimms Marburger Tagen überliefert sind. Wilhelm wird erst ein Jahr später als Jacob zum Studium zugelassen, und Jacob notiert darüber:

»Die Trennung von ihm, mit dem ich stets in einer Stube gewohnt und in einem Bett geschlafen hatte, ging mir sehr nahe.«

Nicht anders Wilhelm, als Jacob in seinem dritten Studienjahr – in Professor Savignys Gefolge – für mehrere Monate nach Paris reist:

»Wie Du weggingst, da glaubte ich, es würde mein Herz zerreißen, ich konnte es nicht ausstehen, gewiß Du weißt nicht, wie lieb ich Dich habe. Wenn ich abends allein war, meinte ich, müßtest Du aus jeder Ecke hervorkommen. Doch still.«

Und, einige Monate später, noch einmal Jacob:

»Lieber Wilhelm, wir wollen uns einmal nie trennen, und gesetzt, man wollte einen anderswohin tun, so müßte der andere gleich aufsagen. Wir sind nun diese Gemeinschaft so gewohnt, daß mich schon das Vereinzeln zum Tode betrüben könnte.«

Auch mancherlei über die Freizeitgewohnheiten der Studenten Jacob und Wilhelm Grimm erfahren wir aus Alfred Höcks Studie – vom Marburger Theaterball, bei dem man sich »ausnehmend gut divertierte«, bis zur Schwälmer Bauernhochzeit, bei der man sich von hübschen Landmädchen »zum Tanze einladen« ließ. Gemeinsamem Spazierengehen hingegen waren Grenzen gesetzt: Wilhelm, der von Jugend an unter Herzschwäche litt, konnte nur kurze Partien (und auch die nur in mäßigem Tempo) verkraften, und Jacob, der darin ohnedies reine Zeitverschwendung sah, pflegte sich entsprechenden Einladungen mit der Erwiderung zu entziehen: »Ich gehe in der *Literatur* spazieren.« Für Stubenhocker, die diesbezüglichen Vorhaltungen ausgesetzt sind, noch heute als Standardausrede zu empfehlen – man wird es anmutiger und zugleich griffiger kaum formulieren können.

Für kessere Töne ist Ingeborg Weber-Kellermann zuständig; auch blickt sie in ihren Darstellungen (worunter etliche veritable Publikumsbestseller sind) weit über Marburg und Hessen hinaus. Ich habe das Glück, die vielbeschäftigte Ethnologie-Professorin in ihrer Wohnung anzutreffen: Ihre dort einen ganzen Raum füllende volkskundliche Privatsammlung ist nicht nur eine Rarität für sich, sondern hält zugleich auch für jegliche Wendung, die unser Gespräch nehmen mag, das passende Anschauungsmaterial parat. Wenn wir also zum Beispiel – im Vergleich zur französischen Fassung – vom enterotisierten »Rotkäppchen« der Brüder Grimm sprechen, von der Prahlsucht der Schwälmer Bauernmädchen, die bereits zu einer Zeit, da das weibliche Geschlecht nicht einmal den Knöchel zeigen durfte, eine kniekurze Tracht begünstigt habe, oder – als Folge solch aufmüpfiger Thesen – von den wüsten Angriffen auf ihre Person (bis zu jenem Kampfgedicht, in dem ein empörter alter Geistlicher »Schwalm« auf »zermalm« reimte), dann kostet es sie nur einen Griff in eine der Vitrinen, und schon hat sie das entsprechende Stoffmuster oder die entsprechende Trachtenpuppe zur Hand.

Ingeborg Weber-Kellermann ist bekannt dafür, daß sie den Dingen auf den Grund geht. Die Hugenottennachkommen im nordhessischen Louisendorf, die sie noch vor wenigen Jahren Volksmärchen in ihrem typischen »Französisch mit hessischem Akzent« erzählen hörte, stützen ihre (inzwischen weithin akzeptierte) These, daß die Brüder Grimm beim ersten Band der Kinder- und Hausmärchen zwar zu 85 Prozent aus Hessen geschöpft, ihre Gewährsleute jedoch zum Großteil Hessen hugenottischen Ursprungs gewesen und somit französisches Märchengut weitergegeben hätten. Auch für den Umstand, daß man sich lange über die Quellen der Brüder Grimm nicht im klaren gewesen ist, hat sie eine Begründung: Sie *selbst* hätten ganz bewußt die betreffenden Aufzeichnungen zurückgehalten, um zu verschleiern, daß ihnen der Großteil der Märchen durchaus nicht aus dem Munde des Volkes zugekommen war, sondern aus den Salons des wohlsituierten Stadtbürgertums. Und wenn heute in der Grimm-Rezeption Japan eine der Spitzenpositionen in der Welt einnehme, sei das nicht, wie viele Leute glaubten, eine Begleiterscheinung des neuerdings florierenden Europatourismus der Japaner, sondern Tradition: Als Mitte des 19. Jahrhunderts die bis dahin auf strikte Isolation eingeschworenen Japaner sich wieder dem Westen öffneten und im Sommer 1862 für zwei Wochen eine 38köpfige Handelsdelegation nach Deutschland entsandten, stand auf deren Programm auch ein Besuch beim alten Jacob Grimm in Berlin (Konversationssprache: Niederländisch), und eine der ersten Übersetzungen aus dem Deutschen ins Japanische, die in der Folge zustande kamen, galt den Märchen der Brüder Grimm, allerdings nicht in wörtlicher Übertragung, sondern in Angleichung an fernöstliche Vorstellungswelt und fernöstliches Lebensgefühl. Eine von Ingeborg Weber-Kellermanns Studentinnen, die Japanerin Yoshiko Noguchi, hat darüber 1977 ihre Doktorarbeit geschrieben:»Rezeption der Kinder- und Hausmärchen der Brüder Grimm in Japan«. Ein schönes Beispiel dafür, wie auch Gastgeberländer von ihren Gasthörern profitieren können.

Wenn in den Vorlesungen und Seminaren der Frau Prof. Weber-Kellermann die Brüder Grimm abgehandelt werden, kann man sicher sein, daß es ohne Foliantenstaub und Ärmelschoner abgeht: Um ihren Studenten zu veranschaulichen, was Jacob und Wilhelm Grimm 1837 in Göttingen durch den Willkürakt des Königs von Hannover widerfahren ist, greift sie behende zu der Vokabel»Berufsverbot«, und auch wenn man sie nach dem politischen Standort fragt, den die beiden nach heutigen Begriffen einnähmen, braucht sie nicht lange nachzudenken:»Linksliberal«.

Ihre jüngste Entdeckung: die Brüder Grimm als Leitfiguren der Grünen! Es war auf einem der jetzt allenthalben aus dem Boden sprießenden Alternativ-Märkte – in einem Dorf bei Marburg. Das übliche Bild: Kräuterstand und Biogemüse, hausgemachtes Brot und handgepreßtes Öl, Selbstgewebtes

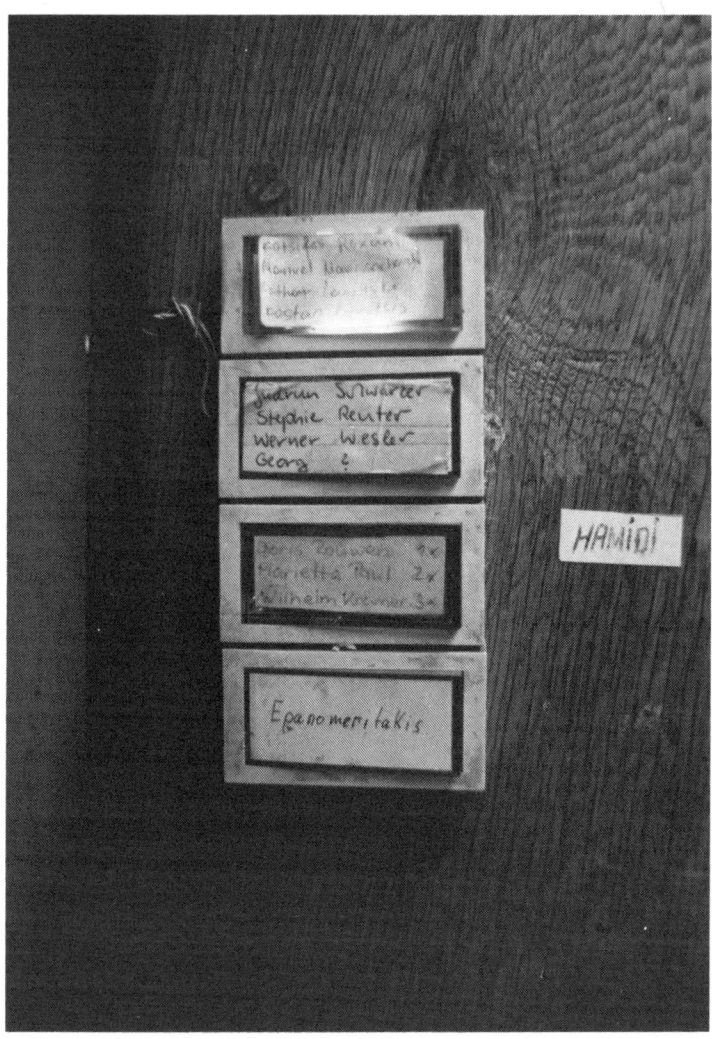

Nichts Neues in der Barfüßertorstraße 35: Studentenbuden damals, Studentenbu-
den heute

und Heimtöpferei. Und mittendrin eine junge Frau, vorm
Spinnrad sitzend und ihren großen und kleinen Zuhörern die
vergessene Kunst des Flachsspinnens demonstrierend. Des
Flachsspinnens und Märchenerzählens.

Freundschaft und Versammlung
(Frankfurt)

Man darf sich's ruhig wie einen dieser vielen aufgeblasenen Kongresse vorstellen, die heute weltweit einen eigenen Zweig des Massentourismus ausmachen: Man wählt einen einigermaßen themenbezogenen, vor allem aber attraktiven und rahmenprogrammträchtigen Veranstaltungsort, das Komitee handelt für die Teilnehmer die günstigsten Bedingungen aus, der OB entbietet Grüße, der Vorsitzende Dank. Und ein Steuerabzugsposten ist es auch.

Wie nimmt sich, an diesem Modell des späten zwanzigsten Jahrhunderts gemessen, die Frankfurter Germanistenversammlung von 1846 aus?

Exklusiv, arbeitsintensiv, hochseriös.

Die Parallelen, wenn es sie überhaupt gibt, beschränken sich aufs Rituelle – etwa, wenn Jacob Grimm, der Vorsitzende der Gelehrtenrunde, die vom 24. bis 26. September 1846 über 200 Mann stark im Kaisersaal des Römer tagt, dem Veranstaltungsort die obligaten Elogen macht:

»Nicht ohne glücklichste Vorbedeutung treten wir zusammen in einer Stadt, die von alters her als das Herz deutscher Geschichte betrachtet werden kann. Hier in Frankfurt sind so viele deutsche Ereignisse vorgegangen, schon vor mehr als tausend Jahren hat Karl der Große Ihre Straßen, in denen wir uns heute noch bewegen, durchwandelt . . .«

Komplimente zum Auftakt. Und Komplimente zum Ausklang:

»Bleibt mir nur noch übrig, den Zoll der Dankbarkeit abzutragen. Vor allem gebührt es sich, der hohen freien Stadt Frankfurt diesen Dank auszusprechen für die Bereitwilligkeit, mit der sie uns in ihr Inneres, in ihr edelstes Gemach aufgenommen hat.«

Jacob Grimm in seinem Schlußwort. Vor den Fachkollegen genügen Andeutungen, fürs große Publikum (das Grimm in einem zusammenfassenden Bericht der »Allgemeinen Zeitung« informiert) muß er ein wenig weiter ausholen:

»Die Wahl einer in Deutschlands Mitte gelegenen, eine Fülle deutscher Erinnerungen weckenden freien Stadt hätte nicht glücklicher sein können. Die Frankfurter Regierung gewährte alle Vergünstigungen, die man nur erwarten konnte, für die Hauptversammlung bot sie den ehrwürdigen Kaisersaal auf dem Römer dar, wie ihr ein ähnlicher Ort anderswo in Deutschland nirgends zuteil werden möchte.«

Und der Kongreßort seinerseits? Aus damaliger Sicht wird man wohl sagen müssen: Man ist genügsamer geworden. Ist zufrieden, wenn die Kasse stimmt: Gastronomie- und Hotelauslastung. »Umwegrentabilität« lautet der Terminus technicus. Wie hört sich derlei bei Jacob Grimm an? Doch ein klein wenig anders:

»Kein Zweifel, daß auch die Orte, in denen wir uns versammeln, lebendigen Nutzen aus der augenblicklichen Anwesenheit vielseitig gebildeter Männer ziehen, wie wir imstande sind, aus der Anschauung ihrer Gebäude und Sammlungen, aus dem wenn auch kurzen Umgang mit ihren vorzüglichsten Einwohnern uns mannigfaltig zu beleben und zu erfreuen.«

Aus solchem Schlußwort spricht nicht nur ein gesundes Selbstbewußtsein der damaligen Gelehrtenwelt, sondern wohl auch Programmatisches: der Wille zum geistigen Austausch über den engen Fachrahmen des Kongresses hinaus. Hier täte so manchem heutigen Intellektuellen-Treff, der den Veranstaltungsort zum reinen Beherbergungsbetrieb degradiert, ein bißchen Besinnung gut. Die zaghaften Versuche des PEN-Clubs, an seinen Tagungsorten mit Autorenlesungen ins Volk zu gehen, liegen auf dieser (noch immer viel zu wenig beschrittenen) Linie. Im allgemeinen gilt: Man bleibt unter sich.

Germanistenversammlung im Kaisersaal des Römer: Da wüßte man natürlich gern mehr. Gewiß, im Frankfurter Stadtarchiv an der Karmelitergasse liegen die gedruckten Protokolle auf, man kann also nachlesen, wie die »Männer, die sich der Pflege des deutschen Rechts, deutscher Geschichte und Sprache ergeben«, von den Brüdern Grimm, Ludwig Uhland, Ernst Moritz Arndt, Ranke, Lachmann, Dahlmann und Gervinus

112

nach Frankfurt eingeladen wurden, um dort »einige Tage miteinander zu verkehren«; wie sie Jacob Grimm »durch Zuruf« zum »Vorstande ihrer Versammlung« bestimmten; wie man »freier Rede und ungezwungenem Gespräch« vor »abgelesenen Vorträgen« den Vorzug gab; wie Jacob Grimm in seinen Reden die Muttersprache pries (»Sünde ist es, fremde Wörter anzuwenden, da wo deutsche gleich gute und sogar bessere vorhanden sind«), die »ungenauen« Wissenschaften (also etwa »Poesie« und Philologie) gegen die »genauen« (also etwa Mathematik, Physik und Chemie) ausspielte (»Ob einer unserer Naturforscher Deutschland jemals so aufgebaut hat, wie es Goethe und Schiller taten?«) oder den neuen Begriff der »Germanistik« definierte und wie sein Bruder Wilhelm für das Großprojekt eines »Deutschen Wörterbuchs« warb (»kein Gesetzbuch, das eine starre Abgrenzung der Form und des Begriffs liefert und die nie rastende Beweglichkeit der Sprache zu zerstören sucht«, sondern »eine Naturgeschichte der einzelnen Wörter«). Dies alles ist minutiös festgehalten, und man liest es mit Gewinn. Aber wie ging es im äußerlichen Ablauf zu, wie war die Sitzordnung, wie die Tageseinteilung? Darüber ist heute nur wenig zu erfahren: Was bei den Touristenführungen durch den Römer zählt, sind einzig die Krönungsbankette der deutschen Kaiser. Da kann eine »Fachtagung« von zweihundert Sprach-, Geschichts- und Rechtsgelehrten freilich nicht mithalten. Auch gibt es natürlich Kapazitätsgrenzen: Die Goethestadt will nicht auch noch Grimm-Stadt sein. »Wir können ja nicht alles an uns reißen . . .«, gibt sich der ehemalige Stadtarchivdirektor Dr. Dietrich Andernacht zugleich großzügig und bescheiden.

Einem Frankfurter Grimm-Lokalaugenschein sind mittlerweile auch noch andere Grenzen gesetzt, vordergründigere: Die Bomben des Zweiten Weltkriegs haben das Gros der betreffenden Ubikationen zerstört. Das Brentano-Haus »Zur goldenen Kugel«, Sandgasse Nr. 12, wo man mit den Romantikerfreunden, und Senator Thomas' Haus am Rechneigraben, wo man mit Savigny und Arndt, den Brüdern Boisserée und Fritz Schlosser, Görres und dem Freiherrn vom Stein, mit

Achim von Arnim, den Guaitas und den Historikern Pertz und Böhmer zum Freitagszirkel zusammentraf, »reichen und gehaltvollen Abenden«, von denen auch so manche Anregung für die Sammeltätigkeit der Brüder Grimm ausging, stehen nicht mehr; die Schöne Aussicht am Main-Kai, wo etliche der Freunde wohnten, hat ihr Gesicht verändert; an den Weidenhof und den »Schwan«, wo die Grimms abzusteigen pflegten, erinnern höchstens noch Straßenschilder oder Kinonamen; und die Suche nach jenem Gartenhaus »bei Herrn Belli«, Jacob Grimms Quartier in den Monaten seiner Teilnahme an der ersten deutschen Nationalversammlung (»neben dem Rothschildschen Garten, worin kein Burzelbaum steht«), endet vor einem modernen Versicherungspalast am Beginn der Bockenheimer Landstraße.

Durch die Verbindung der Brentanos mit den Bethmanns war Jacob Grimm auch mit letzteren in Berührung gekommen – da mag es also immerhin ein Trost sein, daß wenigstens das Bethmannsche Sommerhaus in der Eschenheimer Anlage überlebt hat, und einen Spaziergang durch den Brentano-Park in Rödelheim werden vor allem jene zu schätzen wissen, die Ludwig Emil Grimm (in seinen Erinnerungen an den Herbst 1819) zu der von ihm porträtierten Brentano-Tochter Meline begleitet haben:

»Vor dem Haus, in einem Zirkel, große Orangenbäume, worunter Tisch und Bänke, wo der Tee und Kaffee getrunken wurde, zu dem mittags meist Gesellschaft aus Frankfurt kam, Gesandte, Gelehrte und Künstler. Die schönsten Blumen überall, schöne große Baumgruppen, dunkle lange Lauben, Spaziergänge aller Art. Treibhäuser, Fasanerie, Badhaus, eine Menge Gartenhäuser in Schweizer und Tiroler Bauart, Rehe, Pfauen usw. Ein Fluß ging ums Landgut, darauf schöne Barken, Brücken in aller Art. Man konnte stundenweit spazierengehen in den Gärten und Wiesen, die alle zum Gut gehörten.«

Was sonst ist vom Frankfurt der Brüder Grimm erhalten geblieben? Die Ehrensäule nahe der Berger Warte, an die Kaiserkrönung Leopolds II. erinnernd und vom Landgrafen

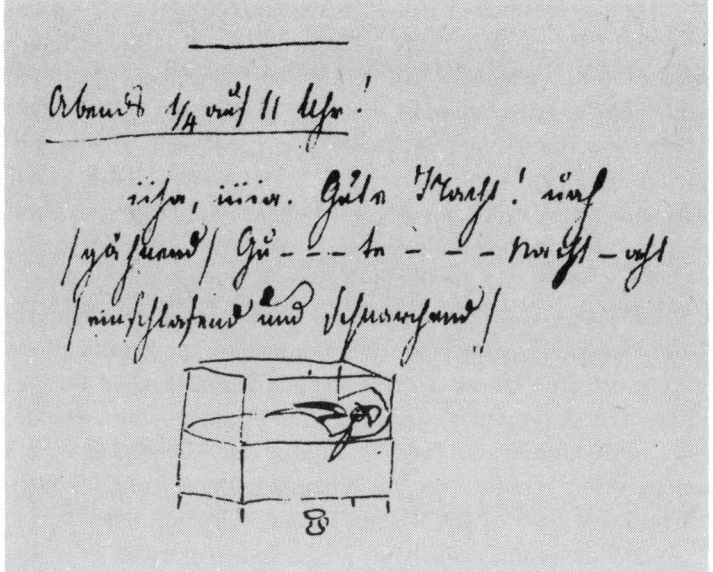

Kastenbett und Nachtgeschirr: Jacob Grimm als Student in Marburg (Brief an seinen Schulfreund Paul Wigand)

von Hessen errichtet, der hier in seinem Feldlager das Kaiser-
paar hatte empfangen dürfen, mag an jenes Kindheitserlebnis
denken lassen, das sich Jacob und Wilhelm als Knaben von fünf
und vier Jahren eingeprägt hat, als sie, mit den Eltern aus
Hanau anreisend, einer Parade der hier zur Kaiserwahl versammelten Truppen beiwohnten: »Ich besinne mich deutlich, wie
ich, zum Kutschenfenster herausschauend, die Regimenter mit
den im Sonnenscheine blitzenden Gewehren vorübermarschie-
ren sah und der Donner der Kanonen jedesmal den Wagen
erschütterte.« Und im wiederaufgebauten Hainerhof hinterm
Dom, den am Eingang eine schöne sandsteinerne Brunnensäule
und im Inneren ein an den ehemaligen Kurhessischen Posthof
erinnernder granitener Postreiter zieren, spielt jene Episode,
die Jacob, nun schon Schüler am Kasseler Gymnasium, bei
einem seiner Frankfurter Zwischenaufenthalte erlebt und in
einem Brief an die Mutter nach Steinau berichtet hat:
»Von Hanau aus kamen wir in Frankfurt vorigen Dienstag
gegen 10 Uhr an, wir sahen uns dort ein wenig um und gingen
hernach nach dem Hainerhof, wo Herr Oberpostmeister Rüp-
pel wohnte, er war aber nicht zu Haus. Wir kamen aber um 12
Uhr wieder hin und setzten uns ein wenig vor das Posthaus. Er
kam hernach selbst und nahm uns mit hinauf, um mit ihm zu
essen, und war recht höflich, dann tranken wir mit ihm Kaffee,
und er nahm uns nach diesem mit und ließ uns allerhand wilde
Tiere, Elefanten, Tiger, Papageien, Affen und noch viele
andere, die damals just in Frankfurt waren, sehen. Es kostete
auch Geld, er bezahlte aber für uns; auch ließ er uns etliche 50
Wachsfiguren, die ganz natürlich waren und Kleider anhatten,
sehen, es waren die jetzigen Kaiser, Könige, Generale und noch
andere, es war recht schön. Des Abends mußten wir wieder mit
ihm essen, wir gingen hernach in ein Wirtshaus, um uns schlafen
zu legen, weil er uns nicht logieren konnte.«
Intensiv wird Jacob und Wilhelm Grimms Verbindung zu
Frankfurt während ihrer Marburger Studentenzeit und mehr
noch in den Jahren danach: durch die Freundschaft zu Achim
von Arnim, die ihnen den Zugang zum Brentano-Kreis erschließt und damit zur gesamten in der Freien Reichsstadt

ansässigen geistigen Elite der Zeit. Von diesem lebhaften, in die verschiedensten Richtungen ausstrahlenden und auch von mancherlei Besuchsreisen aufs neue aktivierten Briefverkehr profitiert natürlich auch ihre um 1806 einsetzende Sammeltätigkeit auf dem Gebiet der Märchen und Sagen. Hingegen verläuft die Annäherung an *Goethe*, die den heutigen Frankfurter Spurensucher natürlich besonders interessiert, eher tangential. Am anmutigsten hat darüber der Malerbruder Ludwig Emil Grimm referiert, der am 5. September 1815 im Brentano-Haus in der Sandgasse zu einem Mittagessen geladen ist, an dem nicht nur sein älterer Bruder Wilhelm, sondern auch dessen Hochschullehrer Friedrich Karl von Savigny, Senator Thomas, die Familie von Guaita und der sechsundsechzigjährige Goethe teilnehmen. Nach Aufhebung der Tafel wünscht Goethe, nachdem Wilhelm Grimm die Sache entsprechend entriert hat, Ludwigs Zeichnungen, die dieser mitgebracht hat, zu sehen – der Künstler berichtet darüber in seinen Erinnerungen:

»Wir gingen zu ihm hin, und da sah ich dann von Kopf bis zu Fuß den berühmten Mann. Er war nicht groß, aber gut proportioniert, hatte einen kleinen Ministerbauch und war schwarz angezogen, reichte uns beiden die Hand und war sehr freundlich, sprach langsam. Wir setzten uns dann alle drei, und er sprach zuerst mit Wilhelm über gelehrte Sachen. Sein Gesicht war von Tisch, wo er dem Johannisberger Eilfer gehörig zugesprochen hatte, ganz rot. Wie er meine Bücher bemerkte, sagte er: ›Ah, da bekommen wir auch etwas von der Kunst zu sehen!‹ Er betrachtete die Skizzen, Bildnisse und Landschaftsstudien alle und sehr langsam. Ich hatte das Gefühl, daß er bei den meisten seiner Äußerungen den Nagel auf den Kopf treffe. Bei manchen Skizzen riet er mir an, dazu ernste Studien zu machen – davon würde er raten, ein Bild zu malen usw. Aber ich muß gestehen, daß die meisten, die er als die gelungensten nannte, mir am wenigsten gefielen. Die Köpfe fand er nicht ausgeführt genug . . . Mit den Landschaftsstudien war er, was mich sehr wunderte, auch lobend; ich hatte wenig Übung und gar nicht, was die Landschaftsmaler eine Manier nennen. Ich habe Bäume, Baumstämme, Wurzeln, Blätter,

Pflanzen ohne irgendeine Manier nachgezeichnet, aber man sah, es war Natur in den Zeichnungen, und das mochte er wohl lobend hervorheben. Auch mit der Auffassung ganzer Gegenden war er zufrieden. Er sprach noch lange über Kunst und kam so nach und nach in sein Lieblingsthema, die Mythologie, die mir von jeher zuwider war. Es war aber höchst interessant, ihm zuzuhören, und da konnte man den Glanz und Geist seiner Augen recht erkennen.«

Auch in Goethes Tagebüchern ist die Begegnung registriert – dort freilich äußerst lakonisch: »Die Grimms, Gebrüder. Zeichn. des Jüngern.« Das Goethe-Porträt, das Ludwig Emil Grimm liebend gern angefertigt hätte, kam nicht zustande: Er war viel zu bescheiden, sich dem berühmten Dichter aufzudrängen.

Im Jahr darauf, vier Jahre nach dem Erscheinen des ersten Bandes der Kinder- und Hausmärchen, bringen Jacob und Wilhelm Grimm (übrigens nicht ohne auch Goethe das neue Projekt avisiert zu haben) den ersten Teil ihrer »Deutschen Sagen« heraus (weitere zwei Jahre später folgt der Abschlußband). Eines der darin versammelten Stücke spielt in Frankfurt – es ist die Sage von der Sachsenhäuser Brücke, die der Baumeister nicht zum vereinbarten Termin fertiggestellt hat, woraufhin er einen Pakt mit dem Teufel schließt, der das Werk über Nacht vollendet und sich als Preis dafür das erste lebende Wesen ausbedingt, das die fertige Brücke passiert. Der Baumeister, nicht dumm, treibt, als der Morgen graut, einen mageren Hahn über die Brücke, und darüber ist der Teufel, der sich um das erwartete Menschenopfer geprellt sieht, so erzürnt, daß er ein Stück der fertigen Brücke wieder aufreißt.

Ob es nun diese Volksüberlieferung ist oder die vormalige Bestimmung der Sachsenhäuser Brücke als Hinrichtungsstätte (und eine Anspielung auf den Hahn des Neuen Testaments, der den zum Ertrinkungstod Verurteilten an die Christusverleugnung und Buße des Apostels Petrus gemahnen soll): Noch immer – also auch nach mehrfacher Zerstörung und Wiederinbetriebnahme (zuletzt 1965) – hält der legendäre »Bricke-

Einladung

an die

Germanisten

zu einer

Gelehrten-Versammlung in Frankfurt a. M.

Naturforschung und klassische Philologie haben es eine Reihe von Jahren her empfunden, wie großer Gewinn aus Zusammenkünften, wo Bekanntschaften gemacht, Gedanken gesammelt werden, zu ziehen ist. Drei Wissenschaften, aufs Innigste unter sich selbst zusammenhängend und im letzten Menschenalter wechselseitig durch einander erstarkt und getragen, wollen jener Vortheile gleichfalls theilhaft zu werden suchen. Allem inneren Gehalt, dessen sie fähig erscheinen, tritt noch ein eigenthümlicher vaterländischer Reiz hinzu.

Männer, die sich der Pflege des deutschen Rechts, deutscher Geschichte und Sprache ergeben, nehmen sich vor, in einer der ehrwürdigen Städte des Vaterlandes, zu Frankfurt am Main, vom 24. September 1846 an einige Tage mit einander zu verkehren, und da sie wünschen mit andern Gleichstrebenden dort zusammen zu treffen, so wählen sie diesen öffentlichen Weg, um ihr Vorhaben zur Kunde Aller zu bringen.

Wissenschaftliches Anregen, persönliches Kennenlernen und Ausgleichen der Gegensätze, soweit diese nicht innerhalb der Forschung Bedürfniß sind, werden Zweck unserer Versammlung sein, ein Ziel, worin sich auch sonst abweichende Bestrebungen vereinigen können, vorausgesetzt nur, daß es ihnen um Wahrheit zu thun ist.

Geburtsstunde der Germanistik: Jacob und Wilhelm Grimm im September 1846 bei der Gelehrtenversammlung im Frankfurter Römer gickel« hoch droben über dem Mainstrom Wacht. Das schmiedeeiserne Kruzifix mit dem vergoldeten Hahn ist nach wie vor das Wahrzeichen der Sachsenhäuser Brücke (die inzwischen »Alte Brücke« heißt). Goethe hat sie übrigens »das einzige bedeutende Bauwerk aus Frankfurts Vorzeit« genannt und eines seiner liebsten Spazierziele: »Der schöne Fluß auf- und abwärts zog meine Blicke auf sich, und wenn auf dem Brückenkreuz der goldene Hahn im Sonnenschein erglänzte, so war es mir immer eine erfreuliche Empfindung.«

Von hier ist es nur wenige Schritte zum als Ruinenmonument an Ort und Stelle belassenen Säulenportikus der 1944 ausgebrannten Stadtbibliothek, deren Grimm-Bezug zwar indirekter Natur, dafür aber um so aufschlußreicher ist, was die Ansichten der beiden Brüder über Frankfurt als *Ganzes* betrifft. »Ich habe«, schreibt Wilhelm Grimm im Juni 1822, seit sechs Jahren in den Diensten der Kasseler Bibliothek, an seinen Freund Achim von Arnim, »voriges Jahr, wie ich den Bau der neuen Bibliothek in Frankfurt an der Schönen Aussicht sah, daran gedacht, daß, wenn man uns dahin beriefe, wir dort ein unserem hiesigen ähnliches Leben führen könnten, und doch würde ich zu so etwas nur geneigt sein, wenn hier keine Hoffnung bliebe. Ich habe eine ganz natürliche und herzliche Anhänglichkeit an mein Vaterland und selbst an diese Stadt, und wenn du gleich recht gefühlt hast, daß es mir weniger als sonst gefällt, so wüßte ich doch keinen Ort, wo es mir besser gefiele. In Frankfurt sagen mir Menschen und Lebensweise weniger zu, beide stehen auch tiefer als hier, denn was ist seelenloser und bleierner als diese kaufmännische Rücksicht in allem, die edelsten Kräfte und schönsten Neigungen der menschlichen Seele richten sie aufs Geld, und darauf allein haben sie einen gemeinen Stolz.«

Weniger scharf, aber mit der gleichen Ablehnung für seine Person äußert sich einige Wochen später auch Jacob über das Leben in Frankfurt – diesmal ist es Johann Heinrich Christian Bang, der Pfarrer von Goßfelden, der eine Stelle am Frankfurter Gymnasium anstrebt und in diesem Zusammenhang den Freund in Kassel um Rat angeht:

Sagenhaftes Frankfurt: Kruzifix mit »Brickegickel«

»Lieber Gevatter, zu raten ist da schwer. Vieles muß Ihnen leid tun, das Aufgeben der langgewohnten schönen Gegend, der Gang nach Marburg, die alten Bekanntschaften. Mir für meine Gemütsart ist Frankfurt zu voll, unruhig, reich. Indessen ist's ein anderes, sich an einem Ort als bloßer Gast zu versuchen und sich an ihm einzuwohnen. Das Gute lernt sich erst allmählich erkennen.«

Beinah wie eine frühe Satire auf Großstadtsnobismus und Modetorheit liest sich, was Jacob Grimm im Herbst 1831 in einem Brief an seinen Bruder Wilhelm von einer Einkaufstour durch Frankfurt mitteilt – es geht um den Kauf eines »Shawls« als Mitbringsel für Wilhelms Gattin Dortchen:

»Wenn er nur gefällt! Um meine Wahl zu leiten, hat mich Frau von Guaita in sechs Magazine geführt. Da sind mehrere Stücke ausgenommen und nach Haus verlangt worden, um mit Frau von Savigny und Marie von Guaita zu beraten. Wie man sich nun denken kann, waren die Stimmen keineswegs einig und viele Rücksichten zu erwägen 1. auf den Stoff, 2. auf die Farbe, 3. auf das Moderne, 4. auf den Preis, 5. auf Dortchens mutmaßlichen Geschmack, 6. auf kleine Fehler in den sonst wohlgefälligen und wählbaren Stücken und ich weiß nicht worauf alles noch. Endlich also mußte zugegriffen werden, und es ist ein bescheidener schwarzer Grund, dem Einfluß der Mode weniger unterwürfig und hübsch bordiert, gewählt worden.«

Auf die Freunde in Frankfurt kann man sich verlassen – und auch in ernsteren Angelegenheiten als der Beratung in Modedingen. Als der Göttinger Hinauswurf in Frankfurt bekannt wird, schreitet man dort sogleich zu einer Geldsammlung für Jacob und Wilhelm Grimm, und Marianne von Willemer, Goethes »Suleika«, stellt den beiden, ein Vermächtnis ihres verstorbenen Gatten vollstreckend, drei Jahre hindurch den stattlichen Betrag von 600 Gulden zur Verfügung.

Und doch: Alle noch so engen freundschaftlichen Bindungen an Frankfurt können nicht darüber hinwegtäuschen, daß dies keine Stadt für die Grimms ist – jedenfalls nicht auf die Dauer.

»Ich kann's nicht aushalten, über den Winter noch hier zuzubringen, weil ich im Grunde doch zu unbequem und unter den vielen Menschen vereinsamt lebe«, schreibt Jacob im Spätsommer 1848 an seinen Bruder Wilhelm nach Berlin, und er meint damit keineswegs nur seine Enttäuschung über den Verlauf der Ersten Nationalversammlung, zu der ihn der 29. rheinpreußische Wahlkreis (Essen/Mühlheim) als Abgeordneten in die Frankfurter Paulskirche entsandt hat (»zweitausend tosende Menschen, die gegeneinander reden und hadern«), sondern vor allem auch die dadurch erzwungene monatelange Trennung von der gewohnten Umgebung: seinen Angehörigen und seinem Studierzimmer. Schlägt er ihnen zunächst noch vor, für ein Vierteljahr zu ihm zu ziehen (»Frau Uhland reist auch nach Tübingen, um sich ihre Winterkleider und Köchin zu holen«), so entschließt er sich schon wenige Wochen später zu einer anderen, zur radikalen Lösung: »die Stelle aufzugeben« und seine Wähler »einen anderen wählen« zu lassen. Auch gesundheitliche Rücksichten spielen dabei eine Rolle: »Die Wintersitzungen in der Kirche könnten meiner seit einigen Wochen wieder angegriffenen Brust übel anschlagen. Ich packe also jetzt schon meine Sachen zusammen und kehre zurück in die alte Ordnung und Ruhe des Lebens, so gut sie in unserer Zeit möglich ist.«

Jacob Grimm als Mitglied des Frankfurter Vorparlaments – welch aufregendes Kapitel deutscher Demokratiegeschichte! Und doch – an Ort und Stelle hat es nur wenig Spuren hinterlassen: Sowohl sein Teilnehmerausweis (mit der Nummer 495) wie auch die Originalhandschrift seines von einer knappen Mehrheit niedergestimmten »Verbesserungsantrags« zu Artikel 1 des Grundrechts (»Das deutsche Volk ist ein Volk von Freien, und deutscher Boden duldet keine Knechtschaft. Fremde Unfreie, die auf ihm verweilen, macht er frei«) befinden sich nicht in den Vitrinen der Paulskirche, sondern in denen des Kasseler Brüder-Grimm-Museums.

Das verhinderte Asyl
(Wetzlar)

Im südlichen Stadtgebiet von Wetzlar, dort wo's auf den Stoppelberg hinaufgeht, gibt's eine kurze Seitengasse, die Wigandstraße heißt. Es besteht Grund zu der Annahme, daß nur sehr wenige Wetzlarer mit dem Namen der Bezugsperson etwas anzufangen wissen. Paul Wigand ist heute ein vergessener Mann, und eigentlich war er es schon zu seinen Lebzeiten: völlige Vereinsamung und äußerste Verbitterung waren seine einzigen Begleiter, als er 1866 starb. Weder seine Familie noch die Stadt Wetzlar, noch die Redaktion des Lokalblatts widmeten ihm einen Nachruf, nicht einmal eine einfache Todesanzeige war er ihnen wert.

Erst in sehr viel späterer Zeit besann man sich auf ihn: erforschte sein Wirken, widmete ihm Aufsätze und Bücher, verewigte ihn in Straßennamen. In Wetzlar, Kassel, Höxter.

Jetzt, wo wir wieder vermehrt der Brüder Grimm gedenken, scheint die Zeit gekommen, auch die Erinnerung an Paul Wigand aufzufrischen. Denn er ist es gewesen, der nach der Vertreibung der »Göttinger Sieben« die Brüder Grimm an Wetzlar binden wollte. Wie wir wissen, ist es nicht dazu gekommen, aber das schmälert die Verdienste dieses von mannigfachem Unglück verfolgten Mannes in keiner Weise: Angesichts so vieler und so kräftig auftrumpfender *wirklicher* Grimm-Städte ist es vielleicht gerade reizvoll, auch einer *verhinderten* zu gedenken.

Wigands Biographie in Stichworten: 1786 in Kassel geboren, Schüler des dortigen Fridericianums, dann Student der Jurisprudenz und Geschichte in Marburg, kurzzeitig Redakteur der »Kurhessischen Zeitung« in Kassel, Friedensrichter in Höxter an der Weser, ab 1833 Stadtgerichtsdirektor in Wetzlar.

Mit allem, was im Kreis der Romantiker Rang und Namen hatte, pflegte Wigand freundschaftlichen Umgang: mit den Arnims und Brentanos, den Haxthausens und Savignys. Er war nicht nur ein leidenschaftlicher Patriot, der – etwa in Görres'

»Rheinischem Merkur« und unter dem Pseudonym Walter
Hesse – im Befreiungskampf gegen Napoleon mitmischte,
sondern auch ein äußerst fruchtbarer Schriftsteller: Vom
schwärmerischen Naturgedicht bis zum Andreas-Hofer-Drama
ließ er kaum eine Gattung aus, er schrieb »Kriegslieder der
Deutschen«, sogar ein »Handbuch für Friedensrichter« gibt's
aus seiner Feder sowie eine Geschichte der mittelalterlichen
Femegerichte Westfalens, und noch am Ende seiner Tage rang
sich der inzwischen Sechsundsiebzigjährige einen »Führer für
Fremde und Einheimische« ab, in dem er »Wetzlar und das
Lahntal mit ihren romantischen Umgebungen und geschichtlichen Denkwürdigkeiten« aus sehr persönlicher Sicht schilder-
te: »Habe ich doch einst im Sommer auf meinen Wanderungen
und kleinen Entdeckungsreisen einige neunzig Spaziergänge in
mein Tagebuch notiert, von denen jeder, bei den überall
durchgeschnittenen Hügeln und Tälern, eine neue Aussicht, ein
schönes ländliches Bild bot.«

Die Photographie von Paul Wigand, die mir vorliegt, zeigt
einen tiefernsten Mann, von vielfacher Enttäuschung gezeichnet, von Skepsis und Resignation, und darin mag sich nicht nur
das Chaotische seiner familiären Verhältnisse – eine geistes-
kranke Frau und mehrere erblich belastete Kinder! – ausdrük-
ken, sondern auch die schmerzliche Einsicht, sein eigentliches
Lebensziel verfehlt zu haben: ein großer Dichter zu werden und
ein Gelehrter von Rang.

Als keines von beiden ist er in die Geschichte eingegangen.

Wohl aber in einer ganz anderen Rolle: als einer der engsten
und treuesten Freunde von Jacob und Wilhelm Grimm. Sieben-
undfünfzig Jahre hat dieser Lebensbund gedauert, über vier-
hundert Briefe sind zwischen ihnen gewechselt worden, und die
von den Brüdern Grimm an ihn gerichteten – zweihundertzwei-
undzwanzig an der Zahl – sind nicht nur allesamt erhalten
geblieben, sondern sogar auch zum Buch gebündelt worden:
1910.

Paul Wigand, gleichaltrig mit Wilhelm Grimm, hat in Kassel
dieselbe Schule, in Marburg dieselbe Universität besucht. 1802
setzt die Korrespondenz ein, zunächst noch, obwohl unter

Minderjährigen geführt, im steifen »Sie«, erst 1804 zum vertrauten »Du« wechselnd. Über ein halbes Jahrhundert später schreibt Jacob Grimm, vier Jahre vor seinem eigenen Ableben, zum letztenmal an den Freund nach Wetzlar – zum letztenmal und aus traurigem Anlaß:

»wohl haben dir schon öffentliche blätter gemeldet, daß mein bester bruder Wilhelm 16. d. dahingegangen ist. ihn befiel vor vierzehn tagen ein blutgeschwür am rücken, das sich zu einem schmerzhaften carfunkel ausbildend endlich nach innen schlug, und die treue seele war nicht mehr zu retten.«

»Treue Reliquien« – so hat Paul Wigand die Briefe seiner Freunde Jacob und Wilhelm Grimm genannt. Um so schmerzlicher für die Hüter der Wetzlarer Archive, daß die kostbaren Dokumente später, von einem der Wigand-Söhne veräußert, nach Kassel und Berlin abgewandert sind (seine eigenen werden ebenfalls in Berlin verwahrt). Wigand selber berichtet in seinen »Denkwürdigkeiten« über die beiden Freunde:

»Sie waren überaus tätig und fleißig, beschäftigten sich aber auch gerade wie ich mit allerlei Nebendingen, hatten auch Sammler- und Ordnungsgeist, zeichneten höchst sauber, und wir fanden daher sogleich eine Menge Beziehungen, die uns aneinanderschlossen und zu gemeinsamer Tätigkeit anspornten.«

Geht es zunächst noch »wie bei allen gesunden Knaben« mit viel »Spiel, Posse und Lustigkeit« einher, so melden sich doch auch schon bald die gemeinsamen literarischen Neigungen:

»Am meisten führte uns Lektüre zusammen. Wir waren versessen auf Bücher und lasen alles durcheinander, was uns vorkam, teilten uns auch Bücher mit, gute wie schlechte, weil wir noch kein eigenes Urteil hatten, sondern alles begierig in uns aufnahmen. Doch sprachen uns schon bessere lyrische Poesien und Romanzen an, und wir fingen an, eine große Sammlung solcher Gedichte anzulegen. Ich besitze noch eine Reihe Hefte von Jacob.«

Und weiter:

»Es gab eine Zeit, wo wir täglich einen Roman lasen. Aber es war doch nicht eine müßige Leserei zur bloßen Unterhaltung,

Asylangebot aus Wetzlar: Jugendfreund Paul Wigand

sondern zugleich ein literarisches Bestreben, das Bessere aufzu-finden.«

Aber das bloße *Lesen* war ihnen nicht genug, auch das *Besitzen* von Büchern wurde ihnen schon bald zur gemeinsamen Passion:

»Wir liefen zu allen Trödlern und Antiquaren, um Bücher und Bilder aufzusuchen, versäumten auch keine Bücherauktion und verwendeten unser geringes Taschengeld bloß auf Bücher und Kupferstiche.«

In diesem frühkindlichen Austausch wurde der Grund gelegt für manches spätere Zusammenwirken. Hatte Paul Wigand schon für Arnim-Brentanos Sammlung »Des Knaben Wunder-horn«, dem Dienstmädchen im Kasseler Elternhaus abge-lauscht, an die fünfzig Volkslieder beigesteuert, so verschloß er sich natürlich auch dem Drängen der Brüder Grimm nicht, ihnen beim Auffinden und Dokumentieren von Märchen und Sagen zur Hand zu gehen. In einem Brief vom 11. Juli 1811, den Wilhelm Grimm aus Kassel an den Freund in Höxter schreibt, findet sich eine erste solche Aufforderung – in Zusammenhang mit Wigands Erwähnung einer dreiundneun-zigjährigen Witwe, der »ältesten Matrone der Stadt«, die ihm bei der Konzipierung einer Stadtgeschichte von Höxter eine wertvolle Auskunftsperson sei:

»Die alte Frau ist eine vortreffliche Quelle, die versäume nicht zu benutzen eh sie versiegt. Dabei ist mir eingefallen, daß du mir keinen schlechten Dienst erzeigen könntest, wenn du bei der alten Frau nach Märchen (oder zutraulicher durch deine Frau) fragtest und sonstigen Volkssagen und sie mir aufschrei-ben wolltest. Tu's doch, lieber W.«

Im Jahr darauf wiederholt Wilhelm Grimm seine Bitte:

»Ich höre soeben, daß sich die Weiber auf dem Königsplatz prügeln um die Boutiquen, weil dorthin der Christmarkt soll verlegt werden. Das scheint mir eine interessante Neuigkeit. Ich schreibe dies aber bloß, um meine alte Bitte geschickt wieder anzuknüpfen nach Volkssagen, Ammenmärchen, welche alte Weiber wissen. Da du jetzt eine Kinderfrau haben wirst, so tu mir den Gefallen.«

Einige Monate später ist es dann soweit: Der erste Band der Kinder- und Hausmärchen erscheint; Jacob Grimm schickt Freund Wigand zum Neujahrstag 1813 ein Exemplar:

»Ich hoffe, daß es dir wohlgefällt, wir haben beide viel Vergnügen daran. Kannst du etwas beitragen zur Vervollkommnung desselben oder auch des Anhangs, so tue es ja, denn es wird hoffentlich ein zweiter Teil oder neue Auflage einmal erscheinen. Deine Kinder sollen, wie ich hoffe, viel aus dem Buch lernen; es ist unsere bestimmte Absicht, daß man es als ein Erziehungsbuch betrachte. Du mußt nur erst warten, bis sie es verstehen können, und dann nur nicht zuviel auf einmal, sondern nach und nach immer einen Brocken dieser süßen Speise geben.«

Die Genugtuung, ebenfalls mit einem Beitrag – und zwar mit der im »Fürstenthum Corvei« verbreiteten Version der »Drei Spinnerinnen« – in den Kinder- und Hausmärchen vertreten zu sein, wurde Wigand allerdings erst bei der zweiten Auflage des Buches zuteil. In der ersten hatte man noch der »hessischen« Variante den Vorzug gegeben, die den Grimms von Jeanette Hassenpflug zugekommen war.

Einen besonderen Höhepunkt erreicht das Freundschaftsverhältnis Wigand–Grimm noch einmal im Schicksalsjahr 1837, als Jacob Grimm, ebenso wie sein Bruder Wilhelm ordentlicher Professor in Göttingen, gegen den Verfassungsbruch durch König Ernst August von Hannover protestiert und daraufhin aus dem Staatsdienst entlassen und des Landes verwiesen wird. Wigand, nun seit vier Jahren – durch Vermittlung des preußischen Justizministers Kamptz – in Wetzlar ansässig und in der Position des dortigen Stadtgerichtsdirektors tätig, bietet Jacob Grimm (in einem an dessen Bruder Wilhelm adressierten Brief) spontan Asyl an:

»Mein teuerster und innig geliebter Freund, du kannst leicht denken, daß ich dem Gang der Ereignisse in Eurem Lande und in Eurer Stadt mit umso größerer Aufmerksamkeit gefolgt bin, als dieselben anfingen, störend Euer nur den ernsten Studien und der Freundschaft gewidmetes Leben zu berühren und in den stillen Frieden Eures Lebens einzugreifen. Es liegt aber darin etwas sehr Tröstliches, mit vollster Redlichkeit und Konsequenz furchtlos seine Überzeugung ausgesprochen zu haben und vor der ganzen Welt gerechtfertigt, hochgeachtet und geliebt dazustehen . . . Doch hier gilt's nicht zu schwatzen. Es drängt mich bloß, Euch zu sagen, daß ich, wie an allem Guten, so auch an allem Bösen, was Euch trifft, herzlichen und brüderlichen Anteil nehme, und daß ich mich sehne, über Euer künftiges Schicksal etwas zu erfahren.«

Und nun der entscheidende Passus:

»Jacob ist nach Cassel, du wirst vorläufig dort bleiben. Jacob wird überall Freunde genug haben, die ihn mit offenen Armen aufnehmen. Aber ich halte es doch meinerseits auch für Pflicht, die mir das Herz diktiert, ihm mein altes stillruhiges Wetzlar als einstweiliges Asyl anzubieten und mich für ihn zu allem bereit zu erklären, was in meinen geringen Kräften steht. An einer baldigen Versorgung wird es Euch freilich nicht fehlen. Doch die Zukunft liegt noch im Dunkel. Es gilt hier nur das Provisorium. Ohne Eure Hoffnungen, Pläne, Aussichten zu kennen, erkläre ich bloß, daß ich unter allen Verhältnissen Euer treuer inniger Freund bin und . . . den Jacob aufnehmen werde, wenn ihm der Aufenthalt in Cassel nicht genehm sein sollte. Habe die Güte, ihn hiervon zu benachrichtigen.«

Am 11. Januar 1838 antwortet Wilhelm Grimm aus Göttingen:

»Lieber Wigand, deinen Brief vom 22. Dezember habe ich richtig erhalten, und ich danke dir herzlich für die darin so warm ausgesprochene Teilnahme, wie ich sie von einem alten Freund nicht anders erwarten konnte . . . Dein freundliches Anerbieten, uns bei dir aufzunehmen, erkenne ich mit gerührtem Dank. Für jetzt ist es das Beste, daß ich mit meiner Familie hierbleibe und Jacob in Cassel bei meinem Bruder Louis. Ich kann hier fortarbeiten, und Jacob hat sich die nötigen Bücher mitgenommen, um dort ein Werk, an dem schon gedruckt wird, zu vollenden.«

Wetzlar ist also, so gut es Paul Wigand mit seinen Freunden gemeint haben mag, nicht zur Grimm-Stadt geworden.

130

Immortellenkränze und Studentenjubel für die »Göttinger Sieben«: die alte Werra-Brücke in Witzenhausen

Höchstens zur Wigand-Stadt. Was allerdings bei einer so engen und langjährigen Freundschaft beinah aufs gleiche hinausläuft.

Paul Alpers, der das Thema eindringlich untersucht hat, berichtet von einem Briefwechsel, der 1963 zwischen einem Urenkel Paul Wigands und dem Magistrat der Stadt Wetzlar stattgefunden hat. Der Nachkomme scheint Erkundigungen darüber eingezogen zu haben, wie es denn um die Erinnerung an den Urahn in dessen später Wahlheimat stehe, und er erhielt darauf die folgende Antwort: »Wir teilen Ihnen mit, daß der Name Ihres Urgroßvaters in Wetzlar selbstverständlich in hohen Ehren gehalten wird. Eine Wigandstraße erinnert an sein Wirken.«

Es ist bei diesem wenigen nicht geblieben. Als es 1979 das 75-Jahr-Jubiläum des Wetzlarer Geschichtsvereins zu feiern galt, widmete der dortige Stadtarchivar Herbert Flender seinen Festvortrag nahezu ausschließlich dem Thema Wigand – eine ebenso überraschende wie noble Geste. Und vielleicht sogar ein Anfang in der überfälligen Korrektur, den »Anhang« der Brüder Grimm nicht immerzu nur auf einen einzigen Namen zu reduzieren: Dorothea Viehmann, die Niederzwehrener Märchenfrau.

Märchenlandschaft I
(Meißner)

In Witzenhausen steigt Stadtarchivar Walter Dietrich zu, Treffpunkt und Stunde sind genau vereinbart. Er hat sich viel mit
den Brüdern Grimm befaßt – und nicht nur, soweit es Jacobs
spektakulären Abschied von seinen Göttinger Studenten betrifft, damals im Dezember 1837, damals im Rathaus der
gastlichen kleinen Stadt. Auch in der näheren und weiteren
Umgebung von Witzenhausen kennt er jeden Stein: der ideale
Cicerone bei meinem Frau-Holle-Lokalaugenschein. Er ist
nicht nur mit Wanderkarte und Feldstecher ausgerüstet, auch
Exzerpte aus der einschlägigen Literatur führt er mit sich, und
eine Nachprägung des Sterntalers mit dem Porträt Landgraf
Friedrichs II. von Hessen, der gängigen Münze zur Zeit der
Grimms (»Virtute et fidelitate«), soll uns in unser Unterneh-
men einstimmen. Es ist ein diesiger Morgen, Regen hängt in der
Luft – sogar in dieser Hinsicht hat Walter Dietrich vorgesorgt:
Sein Gedicht »Gewitter über dem Meißner«, bei dem ich, das
mir soeben verehrte Versbändchen durchblätternd, hängenblei-
be, endet optimistisch:
Da bricht ein Lichtschein aus dem Dunkel vor;
die Wolken treiben, und ein Blitz fährt nieder.
Dahinter aber, wie aus einem Tor,
drängt strahlend Sonnenlicht zur Erde wieder.
Bevor wir Witzenhausen verlassen, rasch noch ein paar 1837er-
Reminiszenzen: hier die alte Werra-Brücke, wo die Professoren
Dahlmann, Gervinus und Jacob Grimm, aus Göttingen vertrieben, von ihren Studenten eingeholt, bejubelt und mit Blumen
und Immortellenkränzen überschüttet wurden; hier der Gasthof »Zur Krone«, wo der Triumphzug der statt von Pferden von
den Studenten selber gezogenen Karossen endete und wo den
hohen Herren das Nachtlager bereitet war; hier das Rathaus,
wo das abendliche Abschiedsfest in Szene ging: mit Reden und
Gedichten, mit Liedgesang und Fackelzug. Am rührendsten
von allen Jacob Grimm in seiner Dankadresse:

»Meine lieben Freunde, Sie fassen noch alle Verhältnisse des Lebens in Reinheit auf; Ihre Herzen sind noch empfänglicher für die Erkenntnis des Rechten. Bewahren Sie sich dieses Besitztum Ihrer Jugend bis ins späteste Alter, so werden Sie Ihr Leben in Frieden vollenden. Vergessen Sie mich nicht.«

»Niemals!« antworteten sie ihm in vielstimmigem Chor.

1975 hat sich das Ganze wiederholt – getreulich nach den alten Chroniken einstudiert. Zur 750-Jahr-Feier der Verleihung der Stadtrechte an die Gemeinde Witzenhausen hatte der örtliche Geschichtsverein die Idee, das herausragende Ereignis aus der Vergangenheit der Werra-Stadt auf dem Platz vorm Rathaus »nachstellen« zu lassen: den Abschied von den Göttinger Professoren. Gymnasiasten wurden als Darsteller angeheuert, historische Kostüme aus den Theaterfundus herbeigeschafft, die Originaltexte von 1837 memoriert. Und mochte der eine und andere Heutige mit dem historisierenden Treiben auch nichts Rechtes anzufangen wissen: Ein Volksfest war's allemal. Mit *ale Wurst* und *Weckewerg*, mit Kirschwein und Bier.

Die Brüder Grimm sind im Land um den Meißner vielfältig präsent, und beinah noch mehr gilt dies für die mythische Gestalt der Frau Holle, deren Geschichte in der Fassung der Kasseler Apothekerstochter Dorothea Wild (der nachmaligen Gemahlin Wilhelm Grimms) in die Erstausgabe der »Haus- und Kindermärchen« Eingang gefunden hat. In den »Kurnachrichten« von Bad Sooden-Allendorf, an dessen altem Steinbrunnen und neuer Linde die japanischen Touristen »Am Brunnen vor dem Tore« singen, beharrt man sogar darauf, eine *reale* Frau Holle sein eigen nennen zu können: jene Martha Holle aus dem Stadtteil Dudenrode, der in grauer Vorzeit, als »Entschädigung« für ihren Tunichtgut von Ehemann, der gesamte Meißnerberg gehört habe – samt Zauberglocke und Zauberschloß. Und letzteres natürlich auf dem Grund des Frau-Holle-Teichs (der unser eigentliches Ziel ist).

Auch Großalmerode darf sich neuerdings den Grimm-Städten zurechnen: Beim Blättern in alten Kirchenbüchern hat der

134

Brüder Grimm hüben und drüben: mit Heimatforscher Walter Dietrich an der deutsch-deutschen Staatsgrenze

Buchdruckermeister Gustav Wollenhaupt, ein passionierter Heimatforscher und Genealoge, entdeckt, daß in der (kurz vor Ausbruch des Ersten Weltkrieges abgerissenen) Stadtkirche von Großalmerode Wilhelm Grimm konfirmiert worden ist. Unter dem 13. April 1800 fand er, mittlerweile auch vom Brüder-Grimm-Museum in Kassel formell beglaubigt, folgenden Eintrag:

»Wilhelm Carl, weyland des Amtmann zu Steinau Herr Philipp Wilhelm Grimm hinterlassener ehelicher Sohn, geboren den 14. Februar 1786, 14 Jahre, 2 Monate, konfirmiert.«

Warum gerade in Großalmerode? Martin Philipp Koppen, der damalige Pfarrer der Kaufungerwaldgemeinde, war ein entfernter Onkel der Brüder Grimm (genauer: ein Vetter ihrer Mutter). Da Wilhelm Grimm zu jener Zeit Gymnasiast in Kassel und von dort aus Großalmerode sehr viel leichter zu erreichen war als die Heimatgemeinde Steinau, mag man sich, um des Verwandtschaftsverhältnisses zu Pfarrer Koppen willen, für Großalmerode als Konfirmationsort entschieden haben.

Wir nähern uns der deutsch-deutschen Staatsgrenze: Walter Dietrich zeigt mir vom Ufer der Werra aus, deren Flußmitte die Trennlinie markiert, die auf DDR-Sperrgebiet gelegene *Teufelskanzel* – eine Erhebung, die an die alte Sage vom Satan erinnert, der hier einen Felsbrocken verloren haben soll. In früheren Tagen ein beliebter Pfingsttreffpunkt der Göttinger Studenten, die von dort zur Fuchstaufe nach Witzenhausen aufbrachen. Ich stehe auf dem Brückenkopf der 1945 gesprengten Werra-Brücke und blicke über den verminten Grenzstreifen zu dem Dorf Lindewerra hinüber, das bereits zur Kirchenprovinz Magdeburg gehört: Ist der Stahlgitterzaun vor dem Vopo-Wachturm wirklich, wie die Leute hier erzählen, ein Exportartikel aus der BRD?

Erste Frau-Holle-Vorzeichen: Das Höllental, das seinen Namen eindeutig von »Hohlweg« ableitet, wird von manchen auch *Holle-Tal* genannt, und das mag nicht nur mit Lautverschiebung und Sprachverballhornung zusammenhängen, sondern auch mit den geheimen Kräften der sagenhaften Erdmut-

136

ter, die ja durchaus nicht nur hier beheimatet ist, sondern als Frau *Herke* auch im Niedersächsischen und als Frau *Berchta* im deutschen Süden. Und muß man nicht, wenn man vom Rasthaus Schwalbenthal bei guter Sicht die Wartburg auszumachen vermag, auch an Frau *Venus* im Hörselberg denken? Der Volkskundler Karl Paetow hat der im deutschen Volksglauben festverwurzelten und als Märchenfigur weltweit bekannten *terra mater* in allen ihren Varianten nachgespürt und sie sogar mit den nordischen Nornen, den griechischen Moiren und den römischen Parzen in Verbindung gebracht, mit althessischen Haussprüchen (»Es speist und tränkt ein Mutter fein / viel hunderttausend Kindelein. / Die sie ernährt hat ohne Zahl, / verschlingt sie wieder allzumal.«) ebenso wie mit dämonischem Natur- und Wetterglauben, mit germanischem Fruchtbarkeitsritus ebenso wie mit spätantikem Matronenkult. Die solcherart entstandene Frau-Holle-Sammlung, vielhunderte Bücher, Bilder und Werke der Volkskunst umfassend, war vor Jahren zum Verkauf angeboten, und auch Witzenhausen war unter den Interessenten, aber man brachte das Geld dafür nicht auf, und so begnügt man sich denn weiterhin mit Kolonialmuseum und Tropen-Gewächshaus, mit Brotmuseum und Märchenzoo.

Kaffeerast im Berkatal. Der nach Frau Holle benannte Waldgasthof wirkt zu dieser Jahreszeit verschlafen, der Briefkasten wird nur zweimal die Woche geleert, die bettenschüttelnde Maid auf dem zusehends verblassenden Wandbild arbeitet mit halber Kraft. Um so ungestörter kann man sich an diesem verwunschenen Ort ins Frau-Holle-Thema vertiefen, und Walter Dietrich, mein Cicerone, holt dabei weiter aus, als dies normalerweise Grimm-Forscher tun: Er hat seinen Luther (der in den »Tischgesprächen« auf die »Frau Huldi im Meißnergebirg« zu sprechen kommt) ebenso im Kopf wie seinen Bechstein (mit dessen thüringischen Märchen sich hier – wieder also eine Grenzlandsituation! – die hessischen der Brüder Grimm überschneiden). Luther, sagt er, habe sich mit ihr auseinandergesetzt, um die Menschen vom alten Naturglauben zu bekehren, der sich in diesen Gegenden besonders lange gehalten habe. Gut mit den Guten und bös mit den Bösen – so stelle er sie dar, von vorn einem Weibsbild gleichend, von hinten einer Borke. Der Frau-Holle-Teich, Eingang zu ihrem Reich, sei mit Sicherheit eine germanische Kultstätte gewesen – mancherlei Funde auch aus späterer Zeit hätten die anhaltende Besonderheit des Ortes bestätigt. Wieder erlebe ich (wie auf so vielen literatur-topographischen Exkursionen da und dort in der Welt), wie der persönliche Augenschein, das Erlebnis des *genius loci* den Blick für ein Kunstwerk wenn schon nicht schärft, so doch weitet: Was ist die »Einzelhaft« des bücherwälzenden Philologen in Bibliothek und Studierstube gegen die Spurensuche vor Ort, die uns drei hier an diesem Frühsommertag ins Meißnerland geführt hat?: den Heimatforscher, für den Literaturgeschichte und Volkskunde eins sind, den Bielefelder Bühnenbildner, der sich Inspiration fürs nächste Weihnachtsmärchen an seinem Theater erhofft, und mich, der es müde ist, sich dem Grimm-Märchen von der alten Frau mit den großen Zähnen, die das fleißig-freundliche Mädchen mit Gold belohnt und das faul-unfreundliche mit Pech bestraft, nach Germanistenart unter der Chiffre »KHM 24« zu nähern. Denn »KHM 24«, was wie die Produktbezeichnung eines Geriatrikums klingt, ist Wissenschaftssprache und meint die Frau-Holle-Version der Brüder Grimm: »KHM« als Abkürzung für »Kinder- und Hausmärchen«, 24 als laufende Nummer. Gewiß ein nützlicher Behelf, aber eben auch nicht mehr als ein Behelf.

Überhaupt hier, wo die streng-gütige Person seit Urzeiten nicht so sehr eine abstrakte Märchenfigur ist, sondern eine Hiesige, etwas durchaus Bodenständiges. Die hessischen Lokal- und Regionalbezüge in den Märchen der Brüder Grimm lassen sich ja bis ins Sprachliche hinein verfolgen. Lutz Röhrich, dessen Abhandlung über »Märchen und Wirklichkeit« mir in diesem Zusammenhang einfällt, hat etliches davon zusammengetragen: die »Fretsche« (im »Froschkönig«), die »Itsche« (in den »Drei Federn«), die »Haulemännerchen« (in den »Drei Männlein im Walde«), das »geschnatzte« Haar (in der »Gänsemagd«), die »Ellermutter« (im »Teufel mit den drei goldenen Haaren«) und nicht zuletzt die vielen mit dem charakteristischen »ei« beginnenden Sätze (»Ei, warum, Gretel?« im »Klugen Gretel«).

Domäne der Sagenforscher und Naturschützer: der Frau-Holle-Teich am Meißner

Weiter in Richtung Frau-Holle-Teich. Der Weg führt nun durch die alten Fuhrmannsdörfer im Berkatal, denen einst der Kohle-, Salz- und Weinhandel zu Wohlhabenheit verholfen hat; heute fallen einem besonders die üppig-schönen Blumengärten vor den Häusern auf. Endlich, in 600 Meter Höhe, der Teich: Das letzte Wegstück vorm Ziel müssen wir zu Fuß zurücklegen. Ist dies der Grund, warum es die autoabhängigen Kinder des Ferntourismus-Zeitalters kaum je hierher verschlägt? Der Frau-Holle-Teich an der Ostseite des Meißners ist eine Domäne der Wanderer und Naturschützer, der Sagenforscher und Volkskundler, nicht der märchenlesenden Jugend. Der Wanderer: weil das idyllisch verschilfte Gewässer auf dem winzigen Plateau einen idealen Rastplatz bildet. Der Naturschützer: weil die Farne und Seerosen, all die seltenen Wassergewächse und die ein halbes Jahrtausend alten Traubeneichen unter Androhung »hoher Bußgelder« staatlichen Schutz genießen. Der Sagenforscher: weil sich der den Teich einrahmende Mischwald aufs wunderbarste der Geschichte von der Goldmarie und der Pechmarie zuordnen läßt: die hellen Laubbäume der einen, die dunklen Nadelbäume der andern. Und der Volkskundler: weil altem Volksglauben zufolge die Neugeborenen, die anderwärts vom »Klapperstorch« gebracht werden, in dieser Gegend aus dem Wasser des Frau-Holle-Teichs zur Welt kommen.

Der Meißner ist seit dem 16. Jahrhundert Braunkohle-Abbaugebiet. Nach 1945 ging man sogar zum Tagebau über. Die Folge: Der Frau-Holle-Teich war gefährdet – bis sich Bergbaubehörde und Naturschutzverwaltung nach mühseligen Verhandlungen endlich darauf einigten, die vom Abrutschen bedrohte Bergkuppe mit einem Stahlkorsett zu sichern. Das ist nun geschehen, und somit ist weiterhin für einen intakten Zugang zum Reich der Frau Holle gesorgt: zu der sonnenbeschienenen Wiese mit den »viel tausend Blumen«, mit dem Backofen, dem Apfelbaum, dem Tor, an dem es abwechselnd Gold und Pech regnet, und dem Haus der alten Frau, deren Daunenfedern sich beim Bettenschütteln draußen in der Welt in Schneeflocken verwandeln.

Märchenlandschaft II
(Schwalm)

Er ist im Ausland fast gebräuchlicher als bei uns, der Begriff »Grimm-Land«. »Grimm Country« sagen die Amerikaner und Engländer, »paysage Grimm« die Franzosen. Eines seiner Kerngebiete ist die Schwalm, und das hat nicht nur mit jenen Damen und Herren in Allendorf, Treysa und Willingshausen zu tun, mit denen die Grimms befreundet gewesen sind und deren Mitarbeit sie beträchtliche Teile ihrer Märchensammlung verdanken, sondern gewiß auch mit der dortigen Trachten-, Brauchtums- und Baukultur (sowie mit dem vielfältigen Abbilden derselben).

Als im Zuge der umfangreichen Vorarbeiten für das »Grimm Bros. Bicentennial Festival« unter der Ägide der führenden japanischen Werbeagentur Hakuhodo auch der fernöstliche Märchenmaler Zenichi Higuchi für ein Jahr nach Deutschland delegiert wurde, um das »Grimm Country« von allen Seiten zu malen, begann er nicht an irgendeinem beliebigen Ort, sondern in der Schwalm. Das Rotkäppchen fand er in den Reihen der Schrecksbacher Trachtengruppe, den Wolf in Gestalt eines bei der örtlichen Polizei diensthabenden Schäferhundes, für den Bildhintergrund wählte er Fachwerk. So einfach ist das.

Ja, das hätten sich die »Grimm Bros.« wohl auch nicht träumen lassen: daß sie zu ihrem 200. Geburtstag am anderen Weltende Architekturgeschichte machen würden. Die Rede ist von Japan. Immer wieder blieben die Blicke der Kommissionen und Delegationen, die zum Zweck fernöstlicher Grimm-Vermarktung Hessen bereisten, bei ihrer Motivsuche am Fachwerk hängen. Was lag da näher, als die fürs Grimm-Land charakteristische Bauweise kurzerhand zu dessen *Chiffre* zu erklären: Pfosten und Strebe als optische Formel für die deutschen Märchendichter, als Piktogramm für Jacob und Wilhelm Grimm?

Jedermann wird einsehen: Man kann nicht gut ganze deutsche Dörfer demontieren, nach Fernost transferieren und dort neu aufstellen. Ebensowenig läßt sich die bestehende japanische Architektur auf Fachwerk umrüsten. Bleibt also nur der Export des *Designs* – jawohl, das war die Lösung! Hessisches Fachwerk als graphisches Grundmuster. Und so kann man nun, des 200. Geburtstags der Brüder Grimm eingedenk, die Bürger Nippons ihre gute Stube mit Fachwerk-Tapete tapezieren, ihre Frauen im Fachwerk-Kimono trippeln und ihre Mahlzeiten auf Fachwerk-Geschirr einnehmen sehen. Hessisches Fachwerk auf Regenschirmen und Keksdosen, auf Taschentüchern und Einwickelpapier – ein Boom, bei dem einem Hören und Sehen vergehen kann. Der Quell, der dies alles – ohne besonderes eigenes Zutun! – speist, ist die Schwalm. Wird man da, unterwegs zu diesem Quell, vor lauter Kameraklicken überhaupt noch zu den Grimms vordringen können? Ich will es versuchen.

Ich reise von Marburg an; Theobald P., ein Bauernsohn aus dem malerischen Dorf Schröck, der als Verwaltungslehrling beim Magistrat arbeitet, steht mir als Chauffeur und Führer zur Seite. Der Achtzehnjährige entstammt einem Milieu, in dem die Brüder Grimm bis heute ihren festen Platz haben. Man darf ihm glauben, wenn er versichert, auch er werde eines Tages, sobald er Familie habe, seinen Kindern die überlieferten Märchen weitererzählen – so wie er's vom Vater gelernt hat, als er selber und seine Geschwister noch klein gewesen sind. »An Winterabenden, wenn auf dem Hof die Arbeit getan war und Vater sich's auf dem Sofa in der guten Stube bequem machte.« Mal war es die Bibel, aus der er den drei Buben vorlas, mal waren es irgendwelche Zukunftsgeschichten, die er, um ihre momentanen Träume und Begierden kreisend, improvisierte, mal waren es die Märchen der Brüder Grimm. Vater P. ging mit ihnen großzügig um: änderte sie ab, wo es ihm paßte, reicherte sie mit Eigenem an, wo ihn sein Gedächtnis im Stich ließ, baute die Kinder selber in die Handlung mit ein. Sie sind immer gut ausgegangen, die Geschichten, und immer mit einer bestimmten Moral. »Aber das weiß ich natürlich erst heute – als Kind hat man das nicht mitgekriegt.«

Theobald P. arbeitet in der Stadt, wohnt aber nach wie vor

»Rotkäppchen« oder »chaperon rouge«? Die Schwälmer wehren sich gegen die Expatriierung »ihrer« Märchenfigur

auf dem elterlichen Hof. Schröck ist seit der Gebietsreform kein selbständiges Dorf mehr, auch hier bestimmt heute das Fernsehprogramm die Abende, und als es vor einigen Jahren unter den Frauen der Gegend Mode wurde, die Zöpfe abzuschneiden und das Haar fortan kurz zu tragen, war es zugleich auch mit der alten Tracht vorbei. Nur die überlieferten Hausmärchen – die hätten sich gehalten und würden es gewiß auch weiterhin tun. »Natürlich nur die gängigen und nur in ihren Grundrissen. Aber den Rest kann man ja ausschmücken.«

Es ist ein verregneter Tag: Die erste Frau in Schwälmer Tracht, die uns über den Weg läuft, hat einen Schirm aufgespannt. Da ist es gut, daß man seine Studien im Steinernen Haus zu Ziegenhain, wo der Schwälmer Heimatbund seine Schätze ausgebreitet hat, in Ruhe vertiefen kann, und wieder erweist sich Theobald P. als ein kundiger Begleiter: Die mit der roten »Betzel« auf dem Kopf seien die unverheirateten Mädchen, die mit der grünen die frischverheirateten, Lila stehe für die Frau um Vierzig, Schwarz für Trauer und reifes Alter.

Kein Aspekt, unter dem die berühmte Schwälmer Tracht nicht wissenschaftlich untersucht worden wäre – sogar als Indikator von sozialem Status bietet sie verläßliche Daten: »Arm und Reich / Schwälmer Brautausstattung um 1930« hieß eine Ausstellung, die 1972, vom Marburger Universitätsmuseum und einer Arbeitsgruppe Vergleichende Ethnosoziologie veranstaltet, die Gemüter erregt hat. Vor allem die »besitzende Klasse« mag aus Gegenüberstellungen wie »vier Bettlaken für die arme und vierzig für die reiche Braut« sozialkritisches Engagement herausgehört haben.

Im Zeichen bewußter Folklorepflege und wohlkalkulierten Fremdenverkehrs-Marketings hat die Schwälmer Tracht inzwischen viel von ihrer »Unschuld« eingebüßt: An die Stelle des vormals Unbefangen-Selbstverständlichen ist das organisierte Arrangement getreten, und in der Sprache der regionalen Werbestrategen reduziert sich's vollends auf griffige Massenslogans wie »Rotkäppchenland«. Sich solchen Identifizierungen zu entziehen ist schwer, und die beharrlichen Einwände der

Volkskundler, auch in der Sammlung des Franzosen Charles Perrault habe es bereits das Märchen vom »chaperon rouge« gegeben und die Geschwister Hassenpflug, die den Brüdern Grimm, deren eigenen Quellenangaben zufolge, die betreffende Geschichte mitgeteilt hätten, könnten, da hugenottischen Familienursprungs, aus ebendieser Tradition geschöpft haben, werden kaum das landläufige Schwälmer Rotkäppchen-Monopol erschüttern können, sondern wohl als Spielverderberei und Nestbeschmutzung vaterlandsloser Gesellen denunziert werden.

Nun – in einem Punkt steht die Schwalm als »Märchenland der Brüder Grimm« außer Streit: In dieser Region haben etliche ihrer Zulieferer gelebt, und einer dieser Spuren wollen wir – stellvertretend für alle – folgen.

In *Allendorf an der Landsburg* war es die Pfarrerstochter Friederike Mannel, die für die Brüder Grimm die Märchen »Von dem Schreiner und dem Drechsler«, »Von Johannes Wassersprung und Kaspar Wassersprung«, »Fischers Vogel«, »Der Fundevogel«, »Dummling«, »Die stumme Schwester« und »Die Goldkinder« niedergeschrieben hat. In *Treysa*, von ebendieser Friederike Mannel auf das Grimm-Projekt aufmerksam gemacht, wurde der Pfarramtskandidat und Rektor Ferdinand Siebert für die Kasseler Märchensammler tätig; er steuerte »Schneewittchen«, »Sechse kommen durch die ganze Welt«, »Gut Kegel- und Kartenspiel«, »Der Horcher, der Läufer, der Bläser und der Starke«, »Von dem Sommer- und Wintergarten« sowie »Vom klugen Schneiderlein« bei (und vielleicht auch noch »Der Arme und der Reiche«, »Die treuen Tiere«, »Der Faule und der Fleißige« sowie »Die drei Brüder«). Und in *Willingshausen* lebten Wilhelmine von Schwertzell, von der »Der Gevatter Tod«, »Jorinde und Joringel« sowie »Die goldnen Beinchen«, und deren Schwester Karoline Verschuer, geb. von Schwertzell, von der »Frieder und Catherlies« stammt. Hier, rund um das Schloß der Schwertzells in Willingshausen, wollen wir uns nach Grimm-Spuren umtun.

Georg Friedrich von Schwertzell, der jugendliche Schloßherr, empfängt mich in großer Eile: Er ist auf dem Sprung, im

Umkreis von hundert Kilometern seine Kinder von der Schule abzuholen. Auch hat er es gelernt, Heimatforschern reserviert gegenüberzutreten: Man muß immer fürchten, daß sie bei Erwähnung kostbaren alten Besitzes – unabsichtlich natürlich – Einbrechern bei deren Projektplanung in die Hand arbeiten. Tatsächlich ist das Schloß einmal schon heimgesucht worden: »Heute wird ja nach dem Dehio eingebrochen, und die Justiz bagatellisiert es noch.« Erst meine Wiener Herkunft macht Herrn von Schwertzell zugänglicher: er ist mit einer Österreicherin verheiratet.

Wir nehmen im Herrenzimmer des Haupthauses Platz. Hier, im kaum veränderten ehemaligen »Salon« des ländlichen Renaissance-Schlosses, hat die berühmte Ahnin am Spinett gesessen – ihr Schwager, der Maler und Begründer der Willingshausener Künstlerkolonie, Gerhard von Reutern, hat die Szene im Bild festgehalten. Das Original befindet sich im Besitz der Leningrader Eremitage – das Photo, das ich zu sehen bekomme, zeugt von Schwertzellschem Traditionssinn: Die alten Uhren, der große Spiegel – fast alles noch am alten Platz. Und nicht etwa unterm musealen Glassturz, eingemottet und unnahbar, sondern mit frischem Leben erfüllt. Ein Wunder an Kontinuität – die Brüder Grimm könnten jeden Augenblick zur Tür hereinkommen.

»Wilhelmine war die Schwester meines zweifachen Urgroßvaters«, erklärt Georg Friedrich von Schwertzell den Grad der verwandtschaftlichen Beziehung. Die »Märchen-Minna« nannte man sie in der Familie, mitunter auch »die Weise« – und wie zur Bekräftigung deutet der Hausherr auf ein Kinderporträt, das sie mit erhobenem Finger zeigt. »Sie hat eine außergewöhnlich umfangreiche Korrespondenz geführt. Wir haben nachgerechnet: Sie muß an die drei Stunden pro Tag mit Briefschreiben zugebracht haben.« Die 75 Briefe und 8 Billetts an Wilhelm Grimm, die erhalten geblieben sind, gehören nach Ansicht von Kennern noch immer »mit zum Schönsten, was die Grimm-Literatur aufzuweisen hat«.

Wilhelmine von Schwertzell hat den Geschwistern, lange Jahre Mutterstelle an ihnen vertretend, das Haus geführt. Sie ist

146

Lieferanteneingang: In Schloß Willingshausen lebt die Erinnerung an Wilhelmine von Schwertzell, die »Märchen-Minna«

unverheiratet geblieben, ihre Liaison mit dem späteren preußischen Staatsminister Joseph Maria von Radowitz hat aus konfessionellen Rücksichten nicht zur Ehe geführt: der Mann ihres Herzens war Katholik.

Wilhelm Grimms Freundschaft mit der Willingshausener Rittmeisterstochter geht auf deren Bruder Fritz von Schwertzell zurück, der mit ihm das Fridericianum in Kassel und später auch die Universität in Marburg besucht hat. Mindestens fünf Besuche des jüngeren Grimm auf Schloß Willingshausen sind nachgewiesen, aber auch seine Geschwister waren als Ferienkinder bei den Schwertzells willkommen. »Für mich«, sagt der heutige Schloßherr, der sich in der Chronik seiner Familie gründlich umgesehen hat, »ist eigentlich *Ferdinand*, der *Wolfenbütteler* Grimm, der Genialste.« Daß er dieses sein Genie nicht in gleicher Weise in auch äußerlich sichtbaren Erfolg habe umsetzen können, sei eine andere Sache – vielleicht werde er, den die Literatur gern als das »schwarze Schaf« der Familie abtue, eines Tages noch entdeckt werden.

Besonders schöne Früchte hat *Ludwig Emil* Grimms Bindung an Willingshausen gezeigt: Der Malerbruder und Wilhelmines Schwager Gerhard von Reutern haben sich zu gemeinsamen Malreisen zusammengetan. Welch reizvolles Unternehmen, heute zu vergleichen, was die beiden so verschiedenen Temperamente aus dem jeweils selben Motiv gemacht haben! Ein Reutern-Nachkomme, in verschiedenen Ländern die Bilder seines Ahnen ortend, hat vor einigen Jahren die Vorarbeit dafür geleistet.

Was Ludwig Emil Grimms »Parallel-Bilder« betrifft, so befindet sich einiges davon – es handelt sich um Schweizer Landschaften – im Besitz der Schwertzells. Leider ist das wohl noch Wertvollere, die Originale von Wilhelm Grimms Briefen an Wilhelmine, bis heute unauffindbar geblieben. 22 Stück sind wissenschaftlich nachgewiesen, und was diesen Verlust so besonders schmerzlich macht, ist Wilhelmines Beteuerung (in einem Brief vom 20. Januar 1829), mit welcher Akkuratesse sie den einzigartigen Schatz hüte:

»Daß ich alles, was Sie mir je geschrieben, sorgfältig aufbe-

»Waldhüter« der Brüder Grimm: Forstdirektor Dr. Heinrich Boucsein in Kloster Haina

wahrt habe, versteht sich von selbst. Was Sie aber nicht wissen können, ist dies, daß ich vorzugsweise Ihre Briefe herzlich geheftet, zu einem Ganzen zusammenfügen ließ, um mir und anderen, denn sie haben etwas Tadelfreies, Schriftstellerisches, auch in späterer Zeit voll einschenken zu können.«

Der Grimm-Forscher Wilhelm Schoof, später selber in Willingshausen ansässig und heute sowohl mit einer Straße seines Namens wie mit einem stattlichen Grab sichtbar geehrt, wurde schon 1905, als er zum erstenmal in den Schloßarchiven der Schwertzells nach dem Verbleib der Grimm-Briefe forschte, nicht fündig. Spätere Zeiten haben die Bestände, darunter auch Goethe-Korrespondenz, weiter dezimiert. Ob es unter den amerikanischen Besatzungssoldaten »Eingeweihte« gegeben haben mag? Liegt heute nicht sogar deutsches *Trachtengut* in größerer Zahl in amerikanischen Kunstgewerbesammlungen als in hiesigen? Und wieviel ist davon zu Puppen verschnitten worden! Georg Friedrich von Schwertzell, der sich mir in kokettem aristokratischem Understatement als »Bauer« ausgibt, kennt die Gründe für diesen jetzt endlich (und jetzt vielleicht zu spät) zum Stillstand gekommenen Ausverkauf an heimischer Volkskunst: »Man hat sich allzu lange seiner bäuerlichen Berufe geschämt – daran liegt es.«

Verlorenes Terrain, das die jetzige Gegenbewegung nie und nimmer zurückerobern kann. Dafür ist zu vieles an ihr synthetisch. Und schielt zu eindeutig auf Touristenprospekt und Fernsehkamera.

Bevor ich Willingshausen verlasse, rasch noch ein Blick ins »Malerstübchen«. Das kleine Museum, das an die Zeiten erinnern soll, da sich hier eine der frühesten Künstlerkolonien Deutschlands etabliert hatte, ist in der alten Schule untergebracht; die Frau, die den Schlüssel verwahrt, trägt Schwälmer Tracht. Prunkstück der Sammlung: die von 23 Künstlern bemalte Tür aus dem Gasthof Haase, wo man sich zu gemeinsamem Zechen zu treffen pflegte. Auch der Herr Wirt ist verewigt: als pfeiferauchender Feldhase. Der Rest sind Landschaften, Volksszenen, Kinder- und Tierstudien – alles in Öl. Eines der Modelle, damals ein kleines Mädchen, heute eine alte Frau, lebt noch – man könnte sie aufsuchen und ausfragen. An einer der Wände Märchenzeichner Otto Ubbelohde: ein Selbstporträt in Kohle; auch ein Rotkäppchen fehlt nicht: Hans Richard von Volkmann hat es gemalt. Grimm-Bezüge also überall, und der Literaturpilger, der es mit historischer Redlichkeit nicht gar so genau nimmt, wird an der nahebei verlaufenden »Deutschen Märchenstraße« weitere mehr oder minder authentische Ziele finden. Die siebzig Gemeinden, die an der von Hanau bis Bremen reichenden Strecke liegen (davon an die fünfzig auf hessischem Boden), profitieren von den Aktivitäten der seit 1975 werkenden Arbeitsgemeinschaft, und was tut's da schon, wenn die Sababurg, die sich als »Dornröschenschloß« verkauft, oder die »Märchenlieder«, die man jüngst – auf japanisches Betreiben – den einzelnen Ortschaften abverlangt hat, nicht das geringste mit den Brüdern Grimm zu tun haben? Keine Touristikmesse, kein Stadtfest ringsum, bei dem nicht eine der vielen Märchengruppen aufträte: Schlüsselszenen aus »Aschenputtel« (mit echten Tauben!), aus dem »Sterntaler«, aus »Hans im Glück«, dem »Gestiefelten Kater« und dem »Tapferen Schneiderlein«. Mit Moderation und Tombola, mit Phantasiekostümen und Quiz. Das Bundesverdienstkreuz für die Brüder-Grimm-Verhökerer wird bestimmt schon geschmiedet.

Der Wald
(Haina)

Wenn jemand von seinem *Vorgänger* spricht, denkt man normalerweise an einen Menschen, der vor kurzem in Pension gegangen ist. Von ihm ist man angelernt worden, von ihm hat man den Job übernommen, und ihn fragt man um Rat, wenn man einmal nicht weiter weiß.

Wenn Dr. Heinrich *Boucsein*, der Forstdirektor von Kloster Haina, von seinem Vorgänger spricht, darf man keine so engen Maßstäbe anlegen: Im Wald herrscht ein anderer Zeitbegriff. »Mein Vorgänger im 13. Jahrhundert«, sagt er mit der größten Selbstverständlichkeit, als wir auf frühe Sanierungsmaßnahmen in beschädigten Wäldern zu sprechen kommen, und ich warte vergebens auf ein verschmitztes Lächeln: Boucsein meint es ernst. Im Reich der Bäume waltet die Ewigkeit. Vom ersten Wort an ist klar, daß dies der richtige Mann ist, wenn es darum geht, in kundiger Begleitung durch die Wälder der Brüder Grimm geführt zu werden.

Ich habe, bevor ich die Fahrt zum Forsthaus von Kloster Haina antrete, Boucseins Buch über den *Burgwald* gelesen: ein Standardwerk der hessischen Forstgeschichte. Ich weiß nun also alles über Holzartenverbreitung und Aufforstung im nordhessischen Bergland zwischen Wetschaft, Ohm und Wohra, alles über Waldordnung und Markgenossenschaft, über Flurbenennung und Pflanzengeographie. Aber ich weiß noch mehr: Heinrich Boucsein begnügt sich nicht mit den nackten Daten, nicht mit dem dokumentarisch Belegten und konkret Meßbaren – auch den Wald*göttern* verschafft er Gehör. »Der Burgwald im Spiegel der Mythologie« heißt das entsprechende Kapitel seines Buches, und es hat Schmalspur-Rezensenten gegeben, die ihm diesen Exkurs ins Vorgeschichtlich-Kultische verübelt haben. Mit »heiligen Eichen« und »Totenbuchen«, mit heidnischen Opfersteinen und Götzenfelsen mochten sie nichts zu schaffen haben, und die pathetische Maxime seines Doktorvaters, die sich auch Heinrich Boucsein zu eigen gemacht hat (»Die Wiege der Menschheit ist der Wald«), würden sie wohl als Humbug belächeln.

Es braucht ihn nicht zu berühren: Er hat die besseren Zeugen zur Seite als sie – die Brüder Grimm. Ob in Jacobs »Deutscher Mythologie« oder in Wilhelms »Deutschen Runen«, ob in ihren Kinder- und Hausmärchen, den Irischen Elfenmärchen oder den Deutschen Sagen – überall spielt der Wald eine herausragende Rolle, und es ehrt den Forsthistoriker Heinrich Boucsein, daß für ihn – am Schreibtisch ebenso wie draußen im Revier – auch dieser teils vorgeschichtliche, teils literarische Aspekt Geltung hat.

»Tempel ist zugleich Wald«, sagt Jacob Grimm in Band I seiner »Deutschen Mythologie« und trägt in beträchtlicher Zahl Zeugnisse zusammen, »aus welchen hervorgeht, daß der älteste Gottesdienst unserer Vorfahren an heilige Wälder und Bäume geknüpft war«. Ob Frankenberg oder Geismar, Kirchhain oder Bracht – Boucsein als intimer Kenner seiner hessischen Heimat weiß ganz genau, wo er mit seinen Nachforschungen anzusetzen hat, wenn es ihm um verborgene Hinweise auf jene heiligen Haine zu tun ist, die Jacob Grimm wie folgt beschrieben hat:

»Was wir uns als gebautes, gemauertes Haus denken, löst sich auf, je früher zurückgegangen wird, in den Begriff einer von Menschenhänden unberührten, durch selbstgewachsene Bäume gehegten und eingefriedigten Stätte. Da wohnt die Gottheit und birgt ihr Bild in rauschenden Blättern der Zweige, da ist der Raum, wo ihr der Jäger das gefällte Wild, der Hirte die Rosse, Rinder und Widder seiner Herde darzubringen hat.« Und weiter:»Einzelne Götter mögen auf Berggipfeln, in Felsenhöhlen, in Flüssen hausen, aber der feierliche, allgemeine Gottesdienst des Volkes hat seinen Sitz im Hain; nirgends hätte er einen würdigeren aufschlagen können.«

Wenn sich heute – am Himmelfahrtstag oder zu Pfingsten – auf dem Christenberg nördlich von Marburg die Gläubigen zum Waldgottesdienst zusammenfinden, gehen Boucseins Gedanken unweigerlich zu jenen alten, uralten Aufzeichnungen zurück, die von Götzendienst auf der einstigen »Kesterburg«

berichten: »in den dicken Wäldern unter großen Eichenbäumen, die sonderlich von den Geistlichen dazu gewidmet und eingeweiht waren«. Ja, sogar Märchenschauplätze hat er aufgespürt – etwa, als er zusammen mit einem Kollegen aus dem Niederhessischen im Revier unterwegs war und in der Gegend um Niedenstein die sieben Berge der sieben Zwerge aus »Schneewittchen« ausmachte: »Völlig eindeutig – abgezählte sieben Basalthügel.« Und der Wolf im »Rotkäppchen« oder in den »Sieben jungen Geißlein« ist für ihn ohne jeden Zweifel ein *hessischer* Wolf: »Er hat in unseren Wäldern bis tief in die Neuzeit herein eine große Rolle gespielt. Noch in der napoleonischen Zeit sind festbesoldete Wolfsspürer in Hessen nachgewiesen.«

Es ist schön, in der Veranda des Forsthauses von Kloster Haina mit dem alten Herrn beisammenzusitzen und seinen »Grimmiaden« zu lauschen: ringsum tiefer Wald, auf dem schweren Holztisch die Flasche mit dem Jägerschnaps, der Dackel zu seinen Füßen ungeduldig des nächsten Inspektionsgangs harrend, der Herr Forstdirektor selber in seiner grünen Arbeitstracht: der Uniform. Schon als kleinem Buben hätten es ihm jene Märchen angetan, die »in den Wald einmünden«, und den stärksten Eindruck habe ihm die Geschichte vom hölzernen Kind gemacht. Der Großvater – das wisse er von der Mutter – habe die Märchen sogar noch auf französisch erzählt: die Boucseins sind eine alte Hugenottenfamilie. Als Heranwachsender habe er dann eines Tages mit dem systematischen Sammeln von »Waldtexten« begonnen: zuerst Sagen, bald auch Märchen.

Heute, wo er dabei ist, Bilanz zu ziehen, und über seinem opus magnum, einer Forstgeschichte Hessens, sitzt, wäre es ihm bestimmt ein Leichtes, auch eine Anthologie der Waldliteratur zusammenzustellen, und die Brüder Grimm, daran kann kein Zweifel bestehen, nähmen darin einen Ehrenplatz ein – und beileibe nicht nur der Märchen wegen. Haben sie nicht auch – weiteres Beispiel ihrer intensiven Beschäftigung mit Wald und Waldbetrieb – die sogenannten *Waidgeschreie* gesammelt: die herkömmlichen (aber von Landschaft zu Landschaft eminent

154

Märchenhaus sondergleichen: die Werkstatt des Grimm-Illustrators Otto Ubbe-lohde in Goßfelden

unterschiedlichen) Verständigungsrufe unter den Jägern? Ein Boucsein-Privatissimum am Beispiel der nahen fränkisch-niedersächsischen Sprachgrenze erschließt mir ein mir völlig neues, faszinierendes Feld der Semantik. Dessen Pioniere wieder niemand anderer als die Brüder Grimm gewesen sind . . .

Hessen, so lernt man es im Geographieunterricht, ist unter den deutschen Bundesländern dasjenige mit dem prozentual größten Waldanteil. Natürlich wäre es töricht, davon die herausragende Rolle abzuleiten, die in den Märchen der Brüder Grimm dem Wald eingeräumt ist. Rotkäppchens Großmutter würde genauso »draußen im Wald, eine halbe Stunde vom Dorf« wohnen, Hänsel und Gretel würden von ihren armen Eltern genauso im Wald, »wo er am dicksten ist«, ausgesetzt werden, und der verhexte Königssohn aus dem Märchen vom Eisenofen würde genauso von der im Wald verirrten Maid erlöst werden, wären Jacob und Wilhelm Grimm Kinder der Waterkant. Aber gewiß wird ihr Bild vom tiefen dunklen Wald, seiner Unheimlichkeit und Gefährlichkeit, wie sie es wieder und wieder gezeichnet haben, davon profitiert haben, daß er ihnen aufs innigste aus eigenem Erleben vertraut gewesen ist. Wie war es denn zu ihrer Zeit um die Wälder Hessens bestellt? Niemand weiß das besser als der örtliche Forsthistoriker; Heinrich Boucsein hat das Wort:

»Der Wald galt damals als etwas durchaus Fremdes, ja Angsteinflößendes. Es war gefährlich, ihn zu betreten, und noch zu Lebzeiten der Brüder Grimm gab es ganze Waldgebiete, in die wohl kaum je ein Mensch seinen Fuß gesetzt hat. Wir wissen aus den alten Kirchenbüchern, wieviel Unglück im Wald lauerte: Wölfe und Schlangen trieben ihr Unwesen, Sümpfe waren unerschlossen, das Dickicht undurchdringlich, Verkehrswege fehlten. Der Oberhesse geht noch heute nur in den Wald, um zu roden. Erst die Flüchtlinge, etwa aus dem Sudetenland, haben hier ein Umdenken in Gang gesetzt: der Wald als Wandergebiet, als Erholungslandschaft, als Revier der Pilzsammler. Früher kam man nur auf zweierlei Weise mit dem

Wald in Berührung: Der *tiefe dunkle* Wald diente zur *Bau*holz-, der *ortsnahe* zur *Brenn*holzgewinnung.«

Aber dadurch war er immerhin intakt?

»Es wird Sie überraschen: Er war es zum Teil auch schon zu den Zeiten der Grimms nicht mehr. War devastiert, ausgelichtet, übernützt.«

Und wie hat er sich seither verändert?

»Gewaltig. Die ungeheuren Belastungen durch Merkantilismus, Industrialisierung und Kriegführung haben ihn blutarm gemacht. Aus Sorge vor drohender Waldnot hat man ihn mit Nadelhölzern aufforsten müssen – und ihm dadurch zu neuer Dichtigkeit verholfen und zu größerer Höhe.«

Er würde sich also, wenn die Brüder Grimm ihre Märchen *heute* niederschrieben, anders darstellen?

»Ganz anders.«

Und eine Sage wie die vom König Grünewald, der mit seinem baumbewehrten Heer den König vom Christenberg belagert und samt seiner Tochter verjagt (»Vater, gebt euch gefangen / der grüne Wald kommt gegangen!«), bliebe vielleicht gänzlich ungeschrieben.

Der Wald hat seinen Schrecken für den Menschen verloren. Eher ist es inzwischen umgekehrt: daß der Mensch zum Schrecken des Waldes geworden ist. Kaum hat er es gelernt, mit ihm natürlich umzugehen, da schlägt's schon wieder ins Gegenteil um.

Boucsein: »Als wir klein waren, war es für uns Kinder das schönste Sonntagsvergnügen, in den Wald zu gehen – die Buben vorneweg, die Mädchen singend hinterdrein. In den Wald – so wie er eben war. Heute stampfen sie überall diese abscheulichen Märchenwälder aus dem Boden: künstlich, synthetisch, kommerziell.«

Mit Parkplatzkomfort für Autoausflügler, mit Pommesfrites-Bude und Würstchenstand, mit phantasietötendem Figurenkitsch. Brüder Grimm für die Kinder der Wegwerfgesellschaft, Märchenzauber aus der Dose.

Die Eingemeindung
(Otto Ubbelohde)

Auch der lederne Armsessel, auf dem ich sitze, um all die freundlich vor mir ausgebreiteten Schätze zu betrachten, ist in die Märchen der Brüder Grimm eingegangen. Genauer: in die Märchen*illustrationen*. Otto Ubbelohde war nicht wählerisch: Die ganze Welt hatte ihm Modell zu stehen, als er sich der Mammutaufgabe unterzog, die zweihundert Geschichten zu bebildern – zunächst mit Bleistift, dann mit Zeichenfeder und Tusche. Und was *war* das für ihn: *die ganze Welt*? Es war sein Heimatland Hessen. Weilburg und Runkel, Büdingen und Christenberg, das Lahntal und die Schwalm.

Und natürlich auch sein kleines Goßfelden, wo er sich, mitten in einem Wiesengrund am Dorfrand, dieses Haus hingesetzt hatte – damals, 1898.

Es hat sich bis heute wenig verändert. Obwohl sein Erbauer nun schon über sechzig Jahre tot ist, ist das »Ubbelohde-Haus« geblieben, atmet bis in den letzten Winkel seinen Geist. Und das, ohne darüber zum sterilen Museum geworden zu sein, zur betulichen Gedenkstätte, zum weihevollen Schrein. Ja, auch erben will gelernt sein: Else Ubbelohde-Doering, die Nichte des großen Hessenmalers, scheint die richtige Mitte zu halten zwischen sorgsamem Bewahren und wohlkalkuliertem Auswerten.

Goßfelden ist ein kleiner Vorort von Marburg: Wer ländliches Wohnen liebt, ist hier an der rechten Adresse. Das Atelierhaus – ursprünglich nur Werkraum mit abgeteilter Schlafecke – steht auch heute noch frei in der Landschaft, efeuumsponnen, romantisch: Ob die Zeitläufte es selber ein bißchen zum Märchenhaus haben werden lassen?

Ich sehe mich in dem geräumigen, hallenartigen Atelier um: wohlerhalten, den Plafond ringsum einrahmend, der Fries mit den geliebten Raben, vom Meister selbst gemalt; auf einem Sims die große Vase mit den Pinseln, an den Wänden Ölbilder, in Mappen und Schachteln der graphische Nachlaß. Nur das

Aschenputtel ist eine Hessin: Hierher, auf den Friedhof von Christenberg, hat Otto Ubbelohde die Grabszene aus dem Grimm-Märchen verlegt

Oberlicht hat man entfernt – fürs Ordnen und Archivieren kommt man gut auch mit weniger Tageslicht aus. »Und die Sonne Homers, siehe, sie lächelt auch uns« hat Otto Ubbelohde als Motto für sein eigenes Exlibris gewählt – mit Exlibris-Entwürfen und anderer Gebrauchskunst hat er sich ja jahrelang durchgebracht, um »des täglichen Taschengelds« willen. Nicht ohne gelegentliches Klagen, daß ihm dadurch »die Zeit zerris-sen« wird. »Ich bemühe mich jedoch darum, daß dabei etwas mehr sowohl für den Leib des Portemonnaies als auch für die Seele des Künstlers herauskommt.«

Nirgendwo ist ihm dieser ehrbare Kompromiß besser ge-glückt als bei seinen Märchenillustrationen: Bis heute ist aus ihnen ansehnlicher Gewinn zu ziehen – materiell wie künstle-risch. Das eine freut die Erben, das andere die Leser.

Und *noch* jemanden hat dieser Otto Ubbelohde mit seinen Grimm-Graphiken glücklich gemacht: seine Landsleute, die Hessen. Indem er die Märchen der Brüder Grimm nicht in ein diffuses Land Irgendwo verlegt, sondern in hessische Land-schaft eingemeindet, in hessischen Burgen und Wäldern ange-siedelt, mit hessischen Trachten und Gebräuchen ausgestattet hat. »Verheimatung ins Hessische« nennt es die Marburger Ethnologin Ingeborg Weber-Kellermann.

Es kann uns gleichgültig sein, ob er es aus übermächtiger Heimatliebe getan hat oder aber einfach aus Bequemlichkeit: weil dies der Fundus war, aus dem er, der gebürtige Marburger, so leicht, so überreich hat schöpfen können. Was einzig und allein zählt, ist die beträchtliche Lebendigkeit, die Authentizität und Frische, die diese 447 Bilder atmen. Sie verdanken es dem Umstand, daß ihr Schöpfer sich auf keine anämischen Kon-strukte eingelassen, sondern sich einer ihm zutiefst vertrauten Wirklichkeit bedient hat. Es hätte genausogut jede andere deutsche Landschaft sein können – bei ihm, dem Hessen, war es eben Hessen. So einfach ist das.

Oder doch nicht ganz so einfach? Natürlich hat Ubbelohde stilisiert, verallgemeinert, verändert, verfremdet – er war schließlich kein Ansichtskartenmaler (obwohl er, um des täg-lichen Brots willen, zuzeiten auch *das* war). Für den Nichthessen läuft's also auf ein spätsezessionistisches, leicht ornamentales Allgemein-Deutschland hinaus, während den Hessen-Kenner noch eine Extraüberraschung erwartet: das Glück konkreten Wiedererkennens. Aha-Erlebnisse am laufenden Band: Dornröschens Schloß, so wie Otto Ubbelohde es gezeichnet hat, ist eindeutig die Weilburg; der Garten der Zauberin, die das schöne Mädchen Rapunzel in der Turmstube gefangen hält, liegt zu Füßen der Burg Runkel; der Brunnen, um dessen Quelle sich die Ratsherren aus dem Märchen »Der Teufel mit den drei goldenen Haaren« sorgen, steht auf dem Marktplatz von Büdingen; und die Kirche in der Kulisse des Märchens »Der Ranzen, das Hütlein und das Hörnlein« zeigt klar die charakteristischen Umrisse des Wetzlarer Doms.

Wäre es nicht ein kleinlich-buchhalterisches und wohl auch gar zu lokalpatriotisches Unterfangen, ließe sich ohne weiteres die Erstellung einer Tabelle denken, die die einzelnen Motive (oder doch deren Großteil) ihren realen Urbildern gegenübergestellt. Sogar eine eigene Hessen-Rundreise zur Verifizierung von Ubbelohdes Märchen-Schauplätzen ließe sich veranstalten (und ist, in Ansätzen, tatsächlich schon veranstaltet worden – von Kunststudenten, die über das Thema Urbild/Abbild gearbeitet, und von Pressephotographen, die Vergleiche zum Einst und Jetzt angestellt haben, die einen wie die anderen mit reicher Beute heimkehrend).

Ein paar weitere Tips gefällig? Im Innenhof des Marburger Landgrafenschlosses findet sich jene steinerne Ahnentafel, die Ubbelohde dem Königssohn aus dem Märchen von der Bienenkönigin zuordnet – dort ist es die Schrifttafel, auf der die Aufgaben verzeichnet sind, mit deren Lösung das verwunschene Schloß zu erlösen wäre; durch das Tor der Burgruine Mellnau hat man auch heute noch den Blick auf jene weite, menschenleere Ebene, an deren Horizont sich der unheimliche Wald des Eisenhans entlangzieht; und die Mauern, über die der Daumerling auf seinem Fridericus-Taler springt, sind die Mauern von Burg Münzenberg. Limburg erkennt man im Märchen von den drei Handwerksburschen wieder, die Kirche von Eschhofen im Märchen vom Machandelboom, den Schloßgarten von Weilburg im Märchen vom klugen Schneiderlein, die Cappeler Steinmühle in der »Nixe im Teich«. An Büdingen darf man sowohl bei den »Drei Vügelkens« wie bei den »Beiden Wanderern« denken; die Bettfedern, die in »Frau Holle« vom Himmel fallen, legen eine winterliche Schneedecke über den Rimberg, das Lahntal und die Ortschaften Caldern und Sterzhausen; und der Friedhof, auf dem das traurige Aschenputtel das Grab der Mutter schmückt, ist der Friedhof von Christenberg. Für das Hexenhaus aus »Hänsel und Gretel« hat hessisches Fachwerk Modell gestanden, für die Häuserzeile, die – im Märchen von den zwei Brüdern – der getreue Bär samt seinem Zuckerwerk entlangtrabt, eine Gasse in der Altstadt von Marburg, die man leicht zwischen Schloß und Lutherkirche wiederfindet; und das Schloß in den »Sechs Schwänen« ist – auch das kommt bei Ubbelohde vor – aus verschiedenen Einzelteilen zusammengesetzt: Der Turm stammt aus Diez, der Erker aus Marburg, die Fallbrücke aus Runkel.

Auch das Personal, mit dem Otto Ubbelohde seine Märchenszenen bevölkert, sind, obwohl im Gesichtsausdruck oft nur schemenhaft, Menschen aus Fleisch und Blut. Und das heißt im konkreten Fall: Menschen aus Hessen. Die Kinderfrau aus »Brüderchen und Schwesterchen« hat das typische Stülpchen der Marburger Katholikentracht auf dem Kopf; die »Drei Spinnerinnen« kommen eindeutig aus dem hessischen Hinterland; und die Schwälmer Tracht – ob in der »Goldenen Gans« oder in »Schneeweißchen und Rosenrot«, in der »Schönen Müllerstochter« oder im »Gescheiten Hans« – könnte man geradezu als »Ubbelohde-Look« bezeichnen.

Übrigens hat sich auch der Künstler selbst in einer der 447 Zeichnungen verewigt: Es ist das Altarbild aus dem Märchen »Katze und Maus in Gesellschaft«, dem er ein Epitaph mit seinem eigenen Konterfei zur Seite gestellt hat. Wir sehen einen ernst geradeaus blickenden Mann mit Bart, den Malerkittel zur Mönchskutte abgewandelt, in der linken Hand die Leinwand, in der rechten den Pinsel.

Otto Ubbelohde wäre nicht der frei mit seinem Material schaltende Künstler, der er ist, würde er dem Betrachter nicht

Kunstgenuß von Amts wegen: die Originale von Otto Ubbelohdes Märchen-zeichnungen im Flur des Marburger Kreishauses

hie und da die Enträtselung der Szenerie auch etwas erschweren. Der hochaufragende Turm aus »Rapunzel« ist in Wirklichkeit ein winzigkleines Gartenhäuschen in Amönau, und für das Märchen »Allerleirauh« hat er das Marburger Landgrafenschloß ins offene ebene Land verlegt.

Auch zwischen erster Bleistiftskizze und fertiger Federzeichnung hat sich manches verändert: Frau Else Ubbelohde-Doering, die seit vielen Jahren das einstige Malerdomizil von Goßfelden hütet, breitet die Entwürfe vor mir aus, die in einem großen Karton sorgsam gesammelt sind. Drei Jahre hat Ubbelohde daran gearbeitet: 1906 bis 1908, als Mann um die Vierzig. »Er war ein Märchennarr«, sagt die Nichte und Erbin, »die Idee, die Grimm-Märchen zu illustrieren, kam ganz von ihm selbst.«

Und wie ist er zu den vielen hundert Motiven gelangt?

»Es war zu der Zeit, da er – wie in einem einzigartigen Arbeitsrausch – Hessen bereist und gezeichnet hat. Dauernd war er unterwegs: zu Fuß, per Fahrrad und mit der Bahn.«

Das Riesenœuvre, das er hinterlassen hat, ist bis heute nicht zur Gänze aufgearbeitet. Am Tage meines Besuchs im Ubbelohde-Haus ist gerade ein junger Kunsthistoriker am Werk, die Registratur der Ölbilder fertigzustellen – daher die Unordnung im Atelier. Frau Ubbelohde-Doering verweist auf die anderen Arbeiten, auf die Stilleben, die Porträts: »Er war ja weit mehr als bloß ein Heimatmaler – vor solcher Begrenzung gilt es ihn zu schützen.«

Vor Begrenzung – und auch vor Mißbrauch und Ausbeutung. Da flatterte ihnen doch wahrhaftig eines Tages ein Prospekt ins Haus, »Märchen-Wandteller« anpreisend, die ein reines Plagiat darstellten: lauter Ubbelohde-Motive – leicht verkitscht und bunt. Und ohne bei den Nachlaßverwaltern eine Lizenz einzuholen oder sie auch nur zu informieren. Die Künstlerin, darob zur Rede gestellt, gab sich blauäugig-unschuldig: sie habe sich gedacht, ihr Werk sei eine grandiose Huldigung an den Meister. Der Verlag Elwert in Marburg, der sich ums Urheberrechtliche kümmert, mußte einschreiten und die Ubbelohde-Plagiatoren zur Räson bringen.

Ubbelohdes Arbeiten sind heute gefragter als zu seinen Lebzeiten, die Erstausgabe der von ihm illustrierten Grimm-Märchen eine ausgesprochene antiquarische Rarität – der Band, in dem die Nichte des Künstlers mich blättern läßt, gewinnt durch sein persönliches (und natürlich von ihm selbst entworfenes) Exlibris noch weiter an Wert. 1907 ist die Prachtausgabe im Turm-Verlag zu Leipzig erschienen – fast hundert Jahre nachdem Jacob und Wilhelm Grimm mit dem ersten Band der Kinder- und Hausmärchen an die Öffentlichkeit getreten sind. Weder die etwas süßlichen Versuche des Malerbruders Ludwig Emil Grimm noch die sehr populären spätbiedermeierlichen Idyllen Ludwig Richters reichen an die künstlerische Qualität von Ubbelohdes Arbeit heran, und so ist es nicht hoch genug zu rühmen, daß Ingeborg Weber-Kellermann sie vor einigen Jahren neu herausgegeben hat. Zu Recht stellt sie in ihrem Vorwort fest, daß die »Verklammerung ins Hessische«, die Otto Ubbelohde an den Märchen der Brüder Grimm vorgenommen hat, deren Internationalität nicht nur nicht behindert, sondern ganz im Gegenteil, mag dies auch noch so paradox erscheinen, mitgefördert hat: weil dadurch alles in seinem »natürlichen Milieu« bewahrt, vor aller Künstelei geschützt, eine Sache aus einem Guß geblieben ist. Und weil die an und für sich zeit- und ortlosen Geschichten dadurch eine konkrete »historische Folie« erhalten haben.

Niemand wäre über Otto Ubbelohdes Beitrag zur weiteren Popularisierung ihrer Märchen glücklicher gewesen als die Brüder Grimm selbst. Daß dieses Genre nicht zu den Stärken ihres Bruders Ludwig Emil zählte und daher dessen eigene Versuche, einige der Märchen zu illustrieren, eher blaß ausfielen, ist bekannt – Wilhelm Grimm hat sich da bei aller Geschwisterliebe kein Blatt vor den Mund genommen.

Wer war dieser Otto Ubbelohde, woher kam er? Sein aus Niedersachsen stammender Vater wirkte als Universitätsprofessor in Marburg; hier also kam 1867 der Sohn zur Welt. Auf Zureden seines Schwagers, des zu jener Zeit berühmten Wiener Radierers William Unger, ließ Professor Ubbelohde den Sohn an der Weimarer Akademie Kunst studieren, bevor dieser nach München abwanderte, sich vorübergehend der Sezession anschloß und an Zeitschriften wie »Jugend« und »Pan« mitarbeitete. Zusammen mit anderen Landschaftsmalern gehörte er überdies zu den Gründungsmitgliedern der Künstlerkolonie Worpswede, ehe er 1897 ins heimatliche Marburg zurückkehrte (dem er schon als Sechsundzwanzigjähriger sein Mappenwerk »Marburg und seine Umgebung« gewidmet hatte).

In Goßfelden erwarb er ein Wiesengrundstück und errichtete darauf seinen »vorbildlich zweckmäßigen und schönen« Arbeits- und Wohnsitz, und hier entstand in den ihm noch verbleibenden fünfundzwanzig Lebensjahren ein ebenso vielseitiges wie umfangreiches Œuvre aus Ölbildern, Gebrauchsgraphik und Buchillustration. Die 447 Federzeichnungen zu den dreibändigen Kinder- und Hausmärchen der Brüder Grimm sind seine bekannteste Schöpfung geblieben, und ihre Popularität hält – weit über Deutschland hinaus – unvermindert an. Auch an dem erstaunlichen Grimm-Boom in Fernost, vor allem in Japan, haben Ubbelohdes Zeichnungen nachweislich Anteil.

Otto Ubbelohde, den schwere Krankheit nur ein Alter von 55 Jahren erreichen ließ, liegt in Goßfelden begraben. Der Weg von seiner Werkstatt zum Dorffriedhof führte früher an einem (heute nicht mehr bestehenden) Haus vorbei, das ebenfalls – welch reizvoller Zufall! – in allerengster Beziehung zu Jacob und Wilhelm Grimm steht. Im alten Pfarrhaus von Goßfelden lebte und lehrte einer der treuesten Freunde der Brüder Grimm: der humanistische Pädagoge und Pfarrer Johann Heinrich Christian Bang. Über Vermittlung von Friedrich Carl von Savigny war man miteinander bekannt geworden und trat sogleich in lebhaften Briefwechsel mit dem um einige Jahre Älteren. An die vierzig Briefe in beiden Richtungen sind erhalten geblieben, und erst mit der Übersiedlung der Grimms nach Berlin scheint die Korrespondenz zum Erliegen gekommen zu sein. Interessant daran ist vor allem, daß Jacob Grimm seinen »lieben Freund und Gevatter« auch für die Materialsammlung zum »Deutschen Wörterbuch« eingespannt hat; am

Die
Märchen
frau

der
Brüder
Grimm

Dorothea Viehmann
1755-1815
aus Niederzwehren

Anni Keye

Korbacher Straße 10 A
3500 Kassel-Ndzw.
Telefon 05 61 - 4 24 73

Dorothea-Viehmann-Double mit Visitenkarte: Anni Keye

20. Januar 1839 schreibt er »Herrn Pfarrer Dr. Bang Hochwürden Goßfelden bei Marburg« in einem Brief aus Kassel:

»Seit Ende Oktober leben wir drei Brüder wieder wie sonst hier vereint unter dem Dach des jüngsten, nicht ohne neue Prüfungen und Leiden. Und doch bedürften wir in unserer Lage und Stimmung nichts mehr als Gesundheit.«

Nach diesen Klagen aus dem privaten Bereich nun das Aviso des neuen Projekts:

»Das Übel unserer Verjagung aus Göttingen und der hartnäckigen Schwierigkeit aller Wiederanstellungen trägt uns vielleicht eine gute Frucht. Wir haben uns einer Sache unterfangen, die sonst wahrscheinlich gar nicht in uns aufgekommen wäre: eines großen ›deutschen Wörterbuchs‹ von Luther bis auf Goethe, worin alle Schriftsteller der drei Jahrhunderte sorgsam sollen eingetragen werden.«

Und nun Jacob Grimms Bitte:

»Wie wäre es, wenn Sie Lust bezeigten, für die Herbeischaffung des Materials mit anzustehn? Wir haben schon einige dreißig Mitarbeiter geworben. Möchten Sie uns auf einzelne Sedezblättchen aus einigen Schriftstellern die wichtigen Wörter und Phrasen ziehen helfen? Etwa aus einigen Bänden Luther, aus Brockes und Kant? Im Falle des Wollens läßt sich's näher besprechen, und für einen Philologen wie Sie bedarf's kaum der Verständigung.«

Das kleine Goßfelden ist also nicht erst seit Ubbelohde (und nicht nur auf diese eher indirekte Weise), sondern war schon fast ein Jahrhundert früher mit den Brüdern Grimm verbunden, und beide, zuerst Jacob, später auch Wilhelm, haben dem Pfarrhaus in Goßfelden Besuche abgestattet. Ein Grund mehr für den heutigen Spurensucher, sich auch in dem kleinen Marburger Vorort umzusehen.

Landratsämter (oder, wie sie heute heißen, Kreishäuser) zählen normalerweise nicht zu den touristischen Sehenswürdigkeiten und schon gar nicht zu denen mit literarhistorischem Einschlag. In Marburg ist das anders: Unser Ubbelohde-Lokalaugenschein wäre unvollständig ohne eine Stippvisite im neuen

Verwaltungszentrum des Landkreises Marburg-Biedenkopf. Denn auf dem Treppenflur des Kreishauses an der Beltershäuser Straße – einer Betonburg, der solcher Aufputz wahrlich guttut! – hängen die Originale von Otto Ubbelohdes Märchenzeichnungen. Auf drei Etagen verteilt, eingeglast, einbruchsicher an die Wand montiert. »König Drosselbart« und »Bruder Lustig« in staatlicher Hand.

Die Witwe des Künstlers hat die kostbaren Blätter ein Jahr nach dem Tod ihres Mannes aus dem allgemeinen Nachlaß herausgenommen und der Kreisverwaltung vermacht. Zuerst hingen sie im alten Landratsamt an der Barfüßerstraße, seit 1980 hier. Aber ob es nun am zu schwachen Licht liegt oder einfach an der mangelnden Bereitschaft des Staatsbürgers, heikle Behördenwege mit unbeschwertem Kunstgenuß zu verbinden: Die Leute rennen an dem einzigartigen Schatz vorbei, ohne ihn wahrzunehmen. War also, was von allen Beteiligten so gut gemeint gewesen ist, letztlich doch eine Fehlspekulation? Oder müßte man nur all die Ausbildungsförderungs- und Katastrophenschutzbeantrager, all die Staatsangehörigkeits- und Waffenpaßkandidaten massiver darauf aufmerksam machen, daß der Weg zu ihrem Referenten über Grimms Märchen führt: vorbei an Rumpelstilzchen, Tischlein deck dich und Hans im Glück? Und täte nicht auch den Damen und Herren Referenten, von Akten übersättigt, zuweilen ein Blick ins Märchenreich gut? Vielleicht wäre so mancher vertrackte Fall leichter zu lösen, beschwingter und launiger, würden die Parteien zuvor eine kleine Dosis Ubbelohde zu sich nehmen? Ich kann es jedenfalls von Herzen empfehlen. Der Herr Landrat und der Leiter des Kulturamts gehen darin mit gutem Beispiel voran: Der eine hat ein Ölbild, der andere zwei Exlibris von Otto Ubbelohde hinterm Schreibtisch – ein Anfang ist gemacht.

Und noch ein Zweites möchte ich an diesem kunstfreudigen Kreishaus rühmen: daß sie dem Besucher, der darum bittet, sogar eine kleine Ubbelohde-Monographie in die Hand drücken. Werner Mascos hat sie geschrieben, zwanzig Seiten sind's geworden: nicht zuwenig, nicht zuviel, die Hausdruckerei hat eine Sonderschicht eingelegt, und der Elwert-Verlag hat dem kostenlosen Nachdruck einiger Bildproben zugestimmt. Müßte man nun also nur noch ein bißchen Reklame dafür machen: den ahnungslosen Besucher gezielt an die Bilder heranführen und ihm die famose kleine Schrift mit auf den Weg geben. Und sollte es bei der betreffenden Beschlußfassung im Kreishaus Einwände dagegen geben, so empfehle ich, in der nächstbesten Kunsthandlung Erkundigungen über den Wert der Kollektion einzuholen: Die Herren werden staunen! Und künftig nicht mehr so gedankenlos an diesem Juwel, das ihrer Obhut anvertraut ist, vorübereilen. Sondern es ehren und preisen. Ja, die besonders Gewissenhaften werden vielleicht sogar zu einem der vielen Originalschauplätze pilgern, die Otto Ubbelohde in seinen Märchenzeichnungen unsterblich gemacht hat. Wenn's fürs erste etwas Leichteres sein soll, empfehle ich einen Ausflug auf den Christenberg: Die Ansicht von Kirche, Friedhof und Wald, wie sie Ubbelohde für seine berühmte Aschenputtelszene gewählt hat, ist noch heute genau die gleiche – achtzig Jahre danach. Bitte Kamera mitnehmen!

Soweit die Version für *Anfänger*.

Fortgeschrittene Spurensucher können ihren Lokaltermin auf dem Christenberg um einige Extratouren erweitern. Wenn sie, noch am Fuße des Bergs, auf jene Stelle stoßen, von der aus der Betrachter die beiden Kirchtürme aus dem Baumdickicht herausragen sieht, sind sie auch der schönen Jungfrau Maleen dicht auf den Fersen, die Ubbelohde hier mit ihrem jungen Königssohn zum Traualtar ziehen läßt, und beim Passieren des Dörfchens Todenhausen, dessen Giebellinie auf eine typische Hugenottensiedlung deutet (und dessen Pfarrer tatsächlich noch bis 1960 Predigten in französischem Idiom gehalten hat!), mag es sich ereignen, daß ihnen plötzlich jene (unpopulären) neueren Erkenntnisse der Volkskunde einleuchten, wonach manches von den »urdeutschen« Märchenmythen in Wahrheit französische Überlieferung ist: über hugenottische Emigranten nach Hessen gelangt.

Leistungsbausteine
(Märchenerzähler heute)

Zu ihrer Ausrüstung gehört vor allem eine Stoppliste, die ihr sagt, wie lange die einzelnen Texte beim Vorlesen dauern. Drei Minuten der kürzeste, fünfzehn der längste. Sie kann sich also präzis auf jeden Buchungswunsch einstellen, und das ist heute fast das Wichtigste, denn keiner hat Zeit. Märchen nach Maß. Es klappt vorzüglich, noch nie hat es Beschwerden gegeben, noch nie die kleinste Reklamation.

Anni Keye, die »Kasseler Märchenfrau«.

Obwohl über siebzig, ist sie ganz auf der Höhe der Zeit, verkörpert in Vollendung den neuen Typ, und würde ich sie nicht persönlich, sondern nur aus den Prospekten kennen, kämen mir Zweifel, ob sie überhaupt ein Mensch ist aus Fleisch und Blut – am Ende irgendwas Computergesteuertes, eine Multimedia-Show, ein Video-Clip?

In der Kasseler Fremdenverkehrsstrategie wird Anni Keye als »Leistungsbaustein« der Sparte »Club- und Gruppenreiseprogramme« geführt, so lese ich's im »Sales Guide« für die Saison '84, und ich weiß nicht, wer mir angesichts solcher Wortmonster *mehr* leid tun soll: die entzückende alte Dame mit dem Trachtenhäubchen auf dem Kopf und dem Märchenbuch in der Hand, deren bescheidenes Tun zum aufwendigen touristischen Fertigprodukt hochstilisiert wird, oder die armen Brüder Grimm, denen man ihre Verdienste um die Muttersprache mit überdrehtem Managerdeutsch vergilt. Ob sie sich das hätten träumen lassen: daß sie es in ihrer Heimatstadt Kassel einmal zum »Leistungsbaustein« bringen würden?

Leistung heischt Gegenleistung. Der Preis für den Leistungsbaustein »Märchenfrau« (in der englischen Fassung: »welcome and speech by the fairy woman of Kassel«) errechnet sich nach Stunden: 50 Mark für die erste, 25 für jede weitere. Bei einer Teilnehmerzahl von 50 entfällt also auf jeden einzelnen 1 Mark – immerhin kulant.

Die Märchenerzähler haben sich gewandelt. Nichts mehr von der zahnlosen alten Muhme im zerschlissenen Kittel, die, am Spinnrad sitzend, die Kinder und Kindeskinder um sich schart, sie die Kartoffeln für den nächsten Tag schälen läßt und ihnen dabei Geschichten ins Ohr raunt, bis sie reihum einschlafen. Die Märchenerzähler von heute sind voll in den Massentourismus integriert und werden zu festen Sätzen gehandelt, ihre Auftritte erfolgen mit der Präzision elektronischer Instrumente, ihr Programm ist exakt mit dem übrigen Arrangement koordiniert. Es stimmt also wirklich: ein Leistungsbaustein.

Anni Keye ist eine Pensionistin aus dem Kasseler Stadtteil Niederzwehren. Hier hat im vorigen Jahrhundert Dorothea Viehmann, die »Märchenfrau der Brüder Grimm«, gelebt – der Heimatverein Niederzwehren trägt noch heute ihren Namen im Schilde. Jeden ersten Sonntag im Monat treffen sich seine Mitglieder zum Frühschoppen, »Kasseläner« Mundart ist Pflicht. Keine Nummer ihrer Vereinszeitung, in der nicht Dialektlyrik abgedruckt wäre – auch Frau Keye zählt zu den ständigen Mitarbeitern des »Heimatbriefs«. Als Mitte der Siebzigerjahre die »Deutsche Märchenstraße« ausgerufen und auch in Kassel über Möglichkeiten nachgedacht wird, den Gästen von auswärts einen stilgerechten Willkommensgruß zu entbieten, fällt die Wahl auf Anni Keye: Sie mit ihrem quicklebendigen Temperament, ihrer reizvollen Erscheinung, ihren mundartlichen Fertigkeiten müßte das ideale Dorothea-Viehmann-Double sein.

Frau Keye vertieft sich also in die Lebensgeschichte ihres Vorbildes, studiert ein ausgewähltes Repertoire von Grimm-Märchen ein (darunter »Die kluge Bauerntochter« und »Die Lebenszeit«, die beide aus Zwehren stammen) und läßt sich ein hübsches zeitgenössisches Kostüm schneidern. Einige wenige Wochen nur, und sie ist reif, ihren neuen Senioren-Job anzutreten: Die »Kasseler Märchenfrau« ist wiederauferstanden!

Was mit Gelegenheitsengagements beginnt, wird bald Routine. Und was das Wichtigste ist: Es macht ihr Spaß; ihr Rentnerdasein hat endlich Sinn und Inhalt bekommen. Bald ist

»Kinder brauchen Märchen«: In Volkshochschulkursen setzt der Hanauer Pensionist Heinrich Schraidt Bruno Bettelheims These in die Tat um

Anni Keyes »Nummer« – eine kurzgefaßte Vita der »Viehmännin« samt Märchenlesung – so gefragt, daß sie nicht mehr ohne Terminkalender auskommt, sie läßt sich ein Namensschild »Dorothea Viehmann« ans Mieder heften und eigene Visitenkarten drucken, und am Ende geht sie so sehr in ihrem zweiten Ich auf, daß ihr Mann, der sie willig zu den diversen Terminen chauffiert, kaum noch weiß, ob er eigentlich eine Anni oder eine Dorothea geheiratet hat. Ihr Ruhm, die meistphotographierte Frau von Kassel, in ungezählten Zeitungen des In- und Auslandes abgebildet und sogar auf einem im Andenkenhandel erhältlichen Wandteller verewigt zu sein, bedeutet ihr mehr als Spesenersatz und Honorar, und den Artikel in der brasilianischen »Revista Geográfica Universal«, der so besonders schön geraten ist, hat sie sich sogar für stolze 400 Mark in einer Sprachschule ins Deutsche übersetzen lassen.

Natürlich wirft ihr Job, mag sie ihn im Prinzip auch ehrenamtlich ausüben, zuweilen einen hübschen Batzen Taschengeld ab – etwa, wenn sie sich in der Vorweihnachtszeit drei Wochen hindurch dreimal täglich ins Schaufenster eines Großkaufhauses setzen und ihre Märchenrezitationen per Lautsprecher in die Fußgängerzone übertragen läßt, für eine Bratpfannen-Plakatwerbung Modell steht oder in einer Anzeigenkampagne für Frischmilch den Zeitungsleser in das Geheimnis ihrer Fitness einweiht:

»Das erfordert Konzentrationsfähigkeit und Ausdauer. Beides besitze ich trotz meiner Jahre auch heute noch in hohem Maße. Wie ich das schaffe? Ganz einfach: Ich trinke täglich frische Schwedenmilch . . .«

Ich kann die Richtigkeit ihres Rezepts bestätigen: Mein Gespräch mit der alten Dame verläuft ohne die geringsten Ermüdungserscheinungen, und Anni Keye läßt es sich auch nicht nehmen, mich zum Schluß noch durch ihr geliebtes Niederzwehren zu führen – zum Wohnhaus und zum Sterbehaus der originalen Dorothea Viehmann, die sie, die anderthalb Jahrhunderte später Geborene, mit so viel Lust und Erfolg imitiert. Die Sorge des Oberbürgermeisters, wer denn einmal ihre Nachfolge antreten werde, ist also vorderhand unbegrün-

det: Anni Keye ist weit davon entfernt, amtsmüde zu sein. Daß
sie sich schließlich doch so überstürzt von mir verabschiedet,
hat weder mit Mittagsschlaf noch mit Altersschwäche zu tun,
sondern ausschließlich mit ihrem nächsten Termin: Eine Tele-
fonbuchdruckerei hat sie für ihre Jubiläumsveranstaltung enga-
giert, und da muß sie vorher zum Friseur.

Die großen Virtuosen unter den hessischen Märchenerzählern,
denen die Wissenschaftler – zuerst mit dem Notizbuch, später
mit dem Tonbandgerät – zu Leibe rückten, sind allesamt längst
tot; damit hat man sich abzufinden. Ihnen, die vor allem ihre
»eigenen«, ihre so oder so »ererbten« Geschichten weitergegeben haben, kann man also nicht mehr lauschen. Das soll jedoch
nicht heißen, daß nicht auch heute noch – und nicht auch
außerhalb der Privatsphäre der Kinderzimmer – Märchen
erzählt würden. Nur sind an die Stelle des »Eigenbaues« die
Adaption des Tradierten (also vorwiegend Grimm) und an die
Stelle des häuslichen Milieus der organisierte Kulturbetrieb
(also Schule und Museum) getreten.
  Da ist zum Beispiel »Schraidts Märchenstunde« – ein Kin-
derkurs, den die Volkshochschule Hanau im »Märchenzimmer«
von Schloß Philippsruhe seit Jahren mit Erfolg anbietet.
Heinrich Schraidt, ehemals technischer Angestellter im Stra-
ßenbauamt, läßt die Kleinen, die er bei Kerzenlicht und
Spieluhrklängen um sich schart, mit Zeichenblock und Wachs-
malstiften anrücken: Sie sollen, was er ihnen in einfachen
Worten erzählt hat, bildhaft verarbeiten – ohne jede Vorgabe,
ohne jedes Eingreifen, ganz auf ihre eigene Phantasie gestützt.
Einen »Testamentsvollstrecker der Brüder Grimm« hat ihn die
Lokalpresse genannt, einen Alternativen im Seniorenalter,
einen anthroposophisch geprägten Menschenfreund, der es in
besonderer Weise verstehe, sich die Herzen der Kinder zu
erschließen. Bruno Bettelheims Devise »Kinder brauchen Märchen« ist auch die seine.
  Einen anderen Weg geht das »Kindheits- und Schulmuseum«
in Marburg: Hier ist das Märchenerzählen – sei es als Kinder-
stunde, sei es als Erzählkurs für Eltern, Lehrer und Kindergärt-

nerinnen – mit der Demonstration alten häuslichen Handwerks gekoppelt: vom Wollespinnen bis zum Ledergerben. Ebenfalls eine hübsche Idee und nicht einmal eine krampfhafte: Am Spinnrad ist einst so manches Märchen erzählt worden.

Im Waldecker Land, am Lütteckeweg in Landau, steht ein »Märchenhaus« besonderer Art. Nicht nur, daß sein verwunschenes Äußeres mit all den Blättern und Blumen einen eigenen Zauber ausstrahlt und die Frau, die über diese Idylle wacht, während ihrer Berufsjahre Kindergärtnerin und also zwangsläufig auch Geschichtenerzählerin gewesen ist: Hier hat der berühmte »Märchenschuster« Heinrich Lüttecke gelebt und Generationen von Kindern (und Märchenforschern) Einblick in seinen legendären Märchenschatz gewährt – ein Erzählvirtuose sondergleichen. Obwohl dieser Hans Sachs des 20. Jahrhunderts nun schon viele Jahre tot ist (er starb 1976 als Achtundneunzigjähriger), hat Elfriede Gautier, seine Tochter, die beiden Kammern, in denen er die letzten Jahrzehnte seines Lebens zugebracht hat, unverändert gelassen: zu Heinrich Lütteckes Gedenken. Unten die Schusterwerkstatt mit dem Arbeitstisch von anno dazumal, der Steppmaschine und den Leisten, oben die Schlafstube mit Zither und Tabakspfeife, den Erinnerungen an die Soldatenzeit, der Bibel und dem Spinnrad seiner Mutter (die all die Geschichten, als er selber ein Kind gewesen, an ihn weitergegeben hat).

Welch ein weiter Weg vom Anno 1923 von dem Kasseler Märchenforscher Paul Zaunert herausgegebenen Sammelband »Die Märchen der Weltliteratur«, zu dem der Schuster Heinrich Lüttecke stattliche elf Kapitel beigesteuert hat (und zwar anonym; erst in späteren Jahren kreuzte er im inzwischen vergilbten Inhaltsverzeichnis »seine« Beiträge an), bis zu dem eigenen, ganz allein *ihm* gewidmeten Buch »Märchen des Waldecker Landes«, mit dem 1970 die Marburger Märchenforscherin Charlotte Oberfeld dem einfachen Handwerker aus Landau gehuldigt hat. Weder auf Ruhm noch auf Geld aus (das Honorar für seine Mitarbeit bestand oft nur aus einem Freiexemplar des betreffenden Buches), hat Heinrich Lüttecke, dieses

Original im besten Sinne des Wortes, gleichwohl eine Reihe ungewöhnlicher Ehrungen erfahren: Noch zu Lebzeiten wurde die eigene Wohnstraße auf *seinen* Namen getauft, und die Sonderschule im nahen Arolsen heißt »Heinrich-Lüttecke-Schule«. Doch das Wichtigste von allem ist wohl *dies* (und man darf annehmen, daß er sich dessen auch bewußt gewesen ist): Hätte Heinrich Lüttecke 150 Jahre früher gelebt, so hätten garantiert zwei noble Herren aus Kassel eines Tages bei ihm angeklopft: Jacob und Wilhelm Grimm.

Die Hessen-Bibliothek im Insel Verlag

Herausgeber: Edgar Thielemann

Bisher sind erschienen:

Hessisches Lesebuch

Herausgegeben von Hans Herder
521 Seiten. Leinen. DM 38,–
ISBN 3-458-04781-6

Das *Hessische Lesebuch* enthält rund hundert Beiträge, von Tacitus bis zum Stadtschreiber von Bergen, aus fast 19 Jahrhunderten. Es sind Auszüge aus der biographischen Literatur, aus Reisebeschreibungen und anderen zum Teil unbekannten oder vergessenen Büchern, daneben Dokumente und Reden. Ihnen gemeinsam ist das Thema *Hessen*, seine Geschichte, herausragende Ereignisse und Besonderheiten dieses Landes. Nicht nur zum besseren Verständnis des Landes und seiner Menschen, sondern auch zur Information und zum Lesevergnügen wurde dieses Buch zusammengestellt.

Politische Kultur und politisches System in Hessen

Herausgegeben von Jakob Schissler
417 Seiten. Leinen. DM 48,–
ISBN 3-458-04784-4

Politische Kultur und politisches System in Hessen enthält sowohl Originalbeiträge als auch bereits publizierte Analysen zur Ideengeschichte, zur Verfassung, zum politischen Prozeß und zur kulturellen Lebenswelt des Bundeslandes Hessen. Das Buch zeigt, daß Kultur und Politik eine Fülle interessanter Fragen für die Wissenschaften aufwerfen, die sich bisher nur unzureichend mit dem Bundesland beschäftigt haben. Es will keine endgültigen Antworten geben, sondern eher einen Anstoß für intensivere Forschungsarbeiten.

Rainer Fritz-Vietta
Stadterneuerung in Hessen

407 Seiten. Leinen. DM 48,–
ISBN 3-458-04783-2

Rainer Fritz-Vietta vom Institut Wohnen und Umwelt in Darmstadt dokumentiert in seinem Buch *Stadterneuerung in Hessen* 19 Sanierungsmaßnahmen in 16 Gemeinden Hessens. Unter Verwendung umfangreichen Kartenmaterials wird der Stand der Arbeiten aufgezeigt und mit Fotos des Autors anschaulich illustriert. Die praktischen Probleme, die sich aus Änderungen der Sanierungsziele, Gebäudeabbrüchen, Umsetzungen, Neubau- und Modernisierungsmaßnahmen oder aus der Mietentwicklung ergeben, führen zu politischen Lösungsvorschlägen des Autors an Bund, Länder und Gemeinden.

Ina-Maria Greverus/Gottfried Kiesow/Reinhard Reuter u. a.
Das hessische Dorf

405 Seiten. Leinen. DM 48,–
ISBN 3-458-04782-0

Noch vor einem Jahrzehnt schien das Dorf wenig attraktiv zu sein. Auch die wissenschaftliche Beschäftigung mit dem Dorf und seiner Entwicklung stand eher im Schatten der Auseinandersetzung um die Probleme und Folgen der Urbanisierung. Heute jedoch wird dem Dorf wieder größeres Interesse entgegengebracht. In Hessen zum Beispiel versucht man mit Hilfe des Dorferneuerungsplans, das Leben auf dem Land modernen Erfordernissen anzupassen und zugleich die Besonderheiten des Dorfes – bauliche Strukturen und Beziehungen zur Landschaft – zu erhalten. *Das hessische Dorf* faßt die Ergebnisse einer interdisziplinären Arbeitsgruppe zusammen, die von Wissenschaftlern der Universität Frankfurt, der Technischen Hochschule Darmstadt und des Landesamtes für Denkmalpflege gebildet wurde. Diese Forschergruppe hat in verschiedenen hessischen Dörfern Modelluntersuchungen zur Dorferneuerung durchgeführt, die Leitlinien für spätere Arbeiten auf diesem Gebiet ergeben sollten.

Dietmar Grieser
Goethe in Hessen

164 Seiten. Gebunden. DM 30,–
ISBN 3-458-14017-4

Johann Wolfgang von Goethe ist Hesse von Geburt und durch seine Vorfahren mütterlicherseits. Was wäre da natürlicher, als daß ihm in seiner Heimat Hessen besondere Verehrung zuteil wird? Dietmar Grieser, bekannt geworden durch seine Reisen an die »Schauplätze der Weltliteratur«, hat an den hessischen Goethe-Orten Frankfurt, Wetzlar, Darmstadt, Wiesbaden und im Rheingau Nachschau gehalten, wie dort in unserer Zeit – und keineswegs nur mit Blickpunkt 150. Todestag – die Erinnerung an den »großen Sohn« gehandhabt wird. Das Resultat könnte bunter nicht sein: Da steht Huldigung neben Pop-Ulk, demonstrative Ignorierung neben cleverer Vermarktung, leere Tradition neben sinnerfülltem Kult. Ein feuilletonistischer Lokalaugenschein auf den Spuren Goethes und seiner hessischen Landsleute, ein aktueller Beitrag sowohl zur Rezeptionsgeschichte wie zum modernen Kulturtourismus.

Untersuchungsberichte zur republikanischen Bewegung in Hessen 1831–1834

Herausgegeben von Reinhard Görisch und Thomas Michael Mayer
432 Seiten. Gebunden. DM 40,–
ISBN 3-458-14044-1

»Fürsten zum Land hinaus!« – heimlich gedacht oder trotzig gesungen –, drückte dieses Lied die Wünsche aller Republikaner im hessischen Vormärz aus. Die hier erstmals vorgelegten zusammenfassenden Berichte der damaligen Behörden zeichnen ein plastisches Bild vom Alltag und den Plänen der frühen hessischen Demokraten, die man damals noch »Demagogen« nannte. In der Sprache und aus der Sicht der »Demagogen«-Verfolger läßt das dokumentarische Lesebuch sowohl die allgemeine Misere und die Illusionen der isolierten Revolutionspartei im hessischen Biedermeier erkennen als auch (etwa an der Bewegung um den *Hessischen Landboten* von Georg Büchner und Friedrich Ludwig Weidig) Versuche, die engen Perspektiven von Putschismus und Konspiration zu durchbrechen.

Die Einleitung schildert die wichtigsten Etappen der Oppositionsbewegung in ihrem historischen Zusammenhang und gibt Informationen über die Organisation der staatlichen und polizeilichen Maßnahmen sowie über die vorgelegten Quellentexte im einzelnen. Zeitgenössische Illustrationen, eine Zeittafel, Glossarium und Register runden den Band ab und dienen seiner Benützung als wissenschaftliche Quellenedition ebenso wie der anschaulichen Lektüre eines frühen Kapitels aus der Geschichte der Demokratie in Hessen.

Wolfgang Schivelbusch
Intellektuellendämmerung

Zur Lage der Frankfurter Intelligenz in den zwanziger Jahren:
die Universität, das Freie Jüdische Lehrhaus, die Frankfurter Zeitung,
Radio Frankfurt, der Goethe-Preis und Sigmund Freud, das Institut
für Sozialforschung.
Mit Abbildungen
142 Seiten. Gebunden DM 30,–
ISBN 3–458–14045–X

In den zwanziger Jahren erschien in Frankfurt die wichtigste Tageszeitung Deutschlands; das fortschrittlichste Rundfunkprogramm wurde vom Frankfurter Sender ausgestrahlt. Sigmund Freud erhielt als einzige öffentliche Auszeichnung seines Lebens den von der Stadt Frankfurt gestifteten Goethe-Preis. Franz Rosenzweig gründete mit dem Freien Jüdischen Lehrhaus ein Zentrum jüdischen Kulturlebens, und mit dem Geld des Getreidegroßhändlers Hermann Weil wurde das Institut für Sozialforschung ins Leben gerufen, in dem die kritische Theorie entstand, welche nach 1945 bzw. 1968 die geistige Landschaft in Deutschland veränderte.

Während Berlin als die lautstarke und extravertierte Hauptstadt der Kultur der zwanziger Jahre angesehen wurde, bahnten sich in Frankfurt weniger spektakuläre Entwicklungen an, die intellektuell nicht weniger bedeutsam waren. Insbesondere eine Wachablösung der bürgerlichen Kultur läßt sich im Frankfurt der zwanziger Jahre besser als irgendwo sonst verfolgen – das Ende des individuellen Unternehmers wie Intellektuellen, eine Ablösung durch die Bürokratie. In den zwanziger Jahren leuchteten noch einmal das Mäzenatentum, die individualistisch-verschrobene Wagemutigkeit und Abenteuerliebe des alten Bürgertums auf – in seinen geschäftlichen wie geistigen Unternehmungen, seinen Westend-Villen, Hausmusikabenden, Feuilletons, ja selbst in seiner soziologischen Phantasie, bevor – Jahre vor der Machtergreifung der Nazis – das Ende kam.

Eugen Kogon
Essays, Aufsätze, Reden zwischen 1946 und 1982

Herausgegeben von Hubert Habicht
451 Seiten. Gebunden. DM 42,–
ISBN 3–458–14046–8

Am 4. Januar 1982 wurde Eugen Kogon der »Hessische Kulturpreis« überreicht. Der vorliegende Auswahlband dokumentiert Kogons Beteiligung an der hessischen Politik, seine publizistische Arbeit in den »Frankfurter Heften« und sein Engagement als politischer Lehrer.

Margarete Dieffenbach
Hessischer Trachtenalltag

Tracht als Spiegel ländlicher Lebensweisen
Herausgegeben von Wolfgang Schellmann, Siegfried Becker, Gaby Mentges
und Ingeborg Weber-Kellermann
320 Seiten. Leinen. DM 38,–
ISBN 3–458–14112–X

Die Fotoernte der Margarete Dieffenbach aus dem Jahrzehnt zwischen 1925–1935 ist ein Glücksfall sowohl für die hessische Kulturgeschichte wie für die Volkskunde und europäische Ethnologie. In Hunderten von guten und vorzüglichen Aufnahmen hat sie das Trachtenleben jener Zeit bei den verschiedensten typischen Gelegenheiten des Alltags und der Feiertage festgehalten. Damit wurde eine letzte hessische Trachtenbilanz gezogen. Dann verschwand mit der geschlossenen agrarischen Dorfwelt auch die Tracht allmählich aus der hessischen Landschaft; sie rettete sich in Umzüge und Volkstanzgruppen als folkloristisches Kostüm, und manche Museen bewahren ihr farbiges Bild. Aber ihr einstiger Lebenszusammenhang ist auf diese Weise weder zu konservieren noch zu rekonstruieren.
Er ersteht jedoch in diesem Buch aus den erzählenden und beobachtenden Fotografien der Margarete Dieffenbach. Ihnen ist eine kultur- und sozialgeschichtliche Umschau über die Trachtenlandschaft Hessen vorangeschickt und ein kommentierender Text beigegeben. Dem interessierten Leser steht eine umfangreiche Spezialbibliographie zur Verfügung.

Erzähler aus Hessen

Herausgegeben von Dieter Bänsch
296 Seiten. Leinen. DM 38,–
ISBN 3–458–14113–8

Die Anthologie vereinigt Märchen und Erzählstücke, in denen ein scharfer, oft satirischer Sinn für menschliche Wirklichkeit, ihre Schrecken und Defizite, und eine starke Spannung zu individuellen oder kollektiven Glücksbildern hervortreten. Bekannteres steht zwischen wenig Bekanntem und gerät dadurch in anderes Licht; mit Johann Heinrich Merck, Ludwig Börne, Franz Dingelstedt, Richard Hülsenbeck oder Ernst Glaeser werden Autoren präsentiert, die mehr

Aufmerksamkeit verdienen. Mit Friedrich Stoltze erscheint Mundarterzählung von hohem Rang. Statt eines Vorwortes ein posthumer Huldigungsbrief an Dorothea Viehmann, die Märchenfrau aus Zwehren.

Hessen unterm Hakenkreuz

Studien zur Durchsetzung der NSDAP in Hessen
Herausgegeben von Eike Hennig in Zusammenarbeit mit Herbert Bauch,
Martin Loiperdinger, Klaus Schönekäs
558 Seiten. Leinen. DM 48,–
ISBN 3–458–14114–6

»50 Jahre danach« ist die Erforschung des Nationalsozialismus immer noch nicht abgeschlossen. In den letzten Jahren – mit Stichworten wie »Spurensicherung« und »Alltag« – wendet sich die Aufmerksamkeit dabei besonders der Durchsetzung der NSDAP im lokalen und regionalen Bereich zu. Es gilt zu erkennen, aus welchen politischen Kulturzusammenhängen und sozialen Bezügen, mit welchen Öffentlichkeitsformen und politischen Mitteln, auf welcher Motivationsbasis und Erwartungshaltung die NSDAP zur größten völkisch-nationalistischen Sammlungsbewegung herausgewachsen ist. Dies gilt insbesondere für die Gebiete des Bundeslandes Hessen, die von entsprechender Nationalsozialismusforschung stark vernachlässigt worden sind. *Hessen unterm Hakenkreuz* bemüht sich, einen Überblick zu geben; Illustrationen, Dokumente und bibliographische Hilfsmittel vorzustellen, die zur weiteren Beschäftigung mit Entstehung, Durchsetzung und Institutionalisierung der NSDAP in Hessen anregen sollen.

Hessisches Auswandererbuch

Berichte, Chroniken und Dokumente zur Geschichte hessischer Einwanderer in den Vereinigten Staaten. Ein hessischer Beitrag zum 300. Jahrestag der ersten deutschen Einwanderung in Amerika 1683–1983
Herausgegeben von Hans Herder
452 Seiten. Leinen. DM 48,–
ISBN 3–458–14115–4

Die Frage der Auswanderung war in den vergangenen Jahrhunderten für viele Menschen von zentraler Bedeutung. Dieses Lesebuch mit Beiträgen verschiedener Autoren aus Vergangenheit und Gegenwart beschäftigt sich ausschließlich mit der Auswanderung im 18. und 19. Jahrhundert nach Nordamerika und mit einigen Randerscheinungen. Ein Teil der Beiträge stammt von Deutschamerikanern und schildert die Entwicklung aus der Perspektive der neuen Heimat. Das Ergebnis soll nicht nur eine Würdigung der hessischen Auswanderer nach Nordamerika sein und an einigen Beispielen den hessischen Anteil an der Entwicklung der Vereinigten Staaten belegen, sondern auch die Hintergründe der Auswanderungsbewegungen aufzeigen und zum besseren Verständnis der geschichtlichen Vergangenheit beitragen.

Gerhard Beier
Arbeiterbewegung in Hessen

Zur Geschichte der hessischen Arbeiterbewegung durch einhundertfünfzig Jahre (1834–1984)
672 Seiten. Gebunden. DM 48,–
ISBN 3–458–14213–4

In diesem Buch wird der Versuch unternommen, den eigenen Weg der Arbeiterbewegung in Hessen auf seinen verschiedenen Hauptstraßen und Nebenpfaden historisch zurückzuverfolgen. Dazu dient neben exemplarischen Kapiteln über die wichtigsten Phasen und Ereignisse eine Sammlung von mehr als 900 Kurzbiographien, darunter sämtlicher Regierungschefs und Minister sowie aller Reichstags-, Bundestags- und Landtagsabgeordneten, die aus der hessischen Arbeiterbewegung hervorgegangen sind. Neben den großen Karrieren stehen die vielen politischen Opfer: Verfolgte und Inhaftierte, Emigranten und Märtyrer aus dem Befreiungskampf der Arbeiterschaft.
Mit diesem Buch wird zum ersten Mal eine Gesamtdarstellung geboten, die historische Untersuchung und Nachschlagewerk in einem ist und die Geschichte der Arbeiterbewegung von der Situation eines heutigen Bundeslandes bis zurück zu ihren Ursprüngen in der ersten Hälfte des 19. Jahrhunderts nachzeichnet.

Hessen im Zeitalter der industriellen Revolution

Herausgegeben von Klaus Eiler
448 Seiten. Gebunden. DM 42,–
ISBN 3–458–14158–8

Schon im 19. Jahrhundert begann die Herausbildung der heutigen Industrielandschaften an Rhein und Main, Lahn und Dill und im Raum Kassel. Die industrielle Revolution brachte einen tiefgreifenden Wandel der Wirtschafts- und Arbeitswelt mit sich. Das vorliegende Werk beschreibt die Entwicklung wichtiger Industriezweige und geht auf die unerläßlichen Voraussetzungen der Industrialisierung ein, namentlich den Beitritt hessischer Staaten zum deutschen Zollverein, die Aufhebung der Zunftschranken und die Einführung der Gewerbefreiheit. Doch das Buch berichtet auch von den Schattenseiten der industriellen Revolution, die nicht nur von enormen wirtschaftlichen Fortschritten geprägt war, sondern auch von Massenarmut, Hunger und Not. Die Arbeiterbewegung organisierte sich und trat ein für bessere Lebens- und Arbeitsbedingungen. So spiegelt sich in den rund 200 Dokumenten dieses Buches nicht nur die industrielle Entwicklung Hessens, sondern auch der politische und soziale Hintergrund jener Zeit.